肖逸群 著

肖逸群的创业手记

Alex's Entrepreneurial Notes

四川文艺出版社

果麦文化 出品

2008 年，我以全校第一的成绩考入对外经济贸易大学，来到北京

大三在学校搞的设计团队，接活赚钱

人生中第一个产品“贸牌”

2015 年，我从体制内辞职，创建“轻课”

创业初期，在北四环民宅的办公区

2017 年，我入选 2017 福布斯 30U30 精英榜

轻课 2016 年年会

轻课 2017 年年会

轻课 2018 年年会

轻课 2019 年年会

2019 年星辰教育品牌升级发布会

星辰教育 2020 年年会

目录

自序　在十次试错之后，我才有了一次真正成功的创业

一、我是谁 _ 001

二、我与这本《肖逸群的创业手记》_ 002

三、你与这本《肖逸群的创业手记》_ 003

第一部分　十次创业，十次试错

班级里的图书馆 _ 009

一台苹果给的勇气 _ 012

人生第一桶金 _ 016

第一次做产品 _ 024

创业者的社交梦、平台梦 _ 034

人不靠谱，什么都不靠谱 _ 037

被时间打败的影视电商 _ 040

O2O 租房热 _ 042

O2O 衬衫定制 _ 046

贸大校友汇和思享空间 _ 047

第二部分 从轻课到星辰教育的三级跳

从 0 到 1，实现盈利：轻课

团队 第一次给员工打鸡血 _ 058

方法 初创公司面临的问题 _ 061

思考 价值观 1.0 ："用户思维" 和 "极致执行" _ 065

业务 在线教育：内容做轻、运营做重 _ 070

思考 不甘于当炮灰："想透" 和 "做绝" _ 074

团队 第一次搬家：纵社会无情，愿团队有爱 _ 078

业务 平台还是垂类，创业者如何选择 _ 080

团队 保持团队的成长感："勇气" 和 "日拱一卒" _ 084

团队 小团队的团建神器：Workshop _ 087

业务 第一次盈亏平衡：终于不烧钱了！ _ 089

思考 成功时刻的危机感：把项目做长久 _ 090

业务 互联网求快，而教育求慢 _ 092

团队 团队沟通的关键：正直坦诚 _ 094

团队 解决团队矛盾：沟通的三个技巧 _ 096

思考 不仅要学习成功的公司，更要看看破产的公司 _ 099

思考 关于销售和危机感的一点思考 _ 102

思考 第一次年会：聪明人的四种典型挑战 _ 106

方法《王者荣耀》的启发：如何让学习成瘾 _ 109

思考 "像诗人一样思考，像农夫一样耕耘" _ 114

思考 战略、管理以及 "确认回复" 的习惯养成 _ 117

团队 谈谈领导力 _ 121

团队 对吐槽文化的思考 _ 126

方法 对周报制度的重新思考 _ 131

方法 学会区分事实与观点 _ 134

思考 人生的意义是什么 _ 139

思考 第二次搬家：向死而生和以终为始 _ 142

思考 在轻课，人人都是用户 _ 145

方法《中国有嘻哈》给我的启发 _ 150

业务 我在团队内的二次创业：潘多拉 _ 155

思考 做正确的事比正确地做事更重要 _ 164

团队 团队的自我修养：韧性和“全栈化” _ 167

积极探索，高速增长：轻课舰队

业务“轻课舰队”名字的由来 _ 172

团队 对团队风气的思考 _ 176

团队 对学习成长的思考 _ 180

方法 创业者必备思考模式：MVP 思维 _ 186

业务 不增长，就死亡 _ 189

思考 价值观 2.0 ：完整明晰的团队价值观 _ 192

业务 战略的本质即增长 _ 197

思考 元思考之“分类” _ 202

思考 元思考之“排序” _ 208

思考 元思考之“提问” _ 212

团队 以奋斗者为本（一）_ 216

团队 以奋斗者为本（二）_ 222

团队 对企业管理的思考 _ 227

业务 第一次企业重创：裂变红利的结束 _ 230

思考 对“用户至上”的理解 _ 234

业务 轻课的战略及解读 _ 238

思考 如何观察、分析、判断一个人及一家公司 _ 241

思考 从外部学习中得到的两点启发 _ 247

方法 信息的两种展示方式："信息流"和"结构化" _ 251

方法 解决问题的思考逻辑：六顶思考帽 _ 259

品牌升级，扬帆起航：星辰教育

业务 第一次品牌升级："轻课"正式升级为"星辰教育" _ 263

思考 人生循环之好奇感知、灰度认知、黑白决策、疯子行动 _ 267

后记 在路上

自序　在十次试错之后，我才有了一次真正成功的创业

一、我是谁

你好，我是肖逸群，英文名 Alex。

与你一样，我出身普通家庭，渴望出人头地。

我来自江西省吉水县，父母都是高中老师。2008 年我通过高考来到北京，2012 年我毕业参加工作，并在 2015 年开始我最近一次创业——这不是我第一次创业，而是我坚持时间最长、最成功的一次创业。

不少人觉得我年轻，都以为这是我的第一次创业。实际上，在创立星辰教育之前，我已经有十次创业的经历，其中三次实现了我预设的小目标，剩余的七次均以失败告终。尤其是从大四开始，我创业六次，不是遭遇项目关停就是最后净身离开。我将会在手记中提到这些经历，并一一复盘得失。

所幸，我依然充满锐气。

2015 年 8 月，经过长达半年的准备以及一个月的深思熟虑，我跟当时所在单位的部门领导主动提出离职。她一开始极为惊讶，但在听我描述完之后，全力支持我去闯。还记得离职那天，伴随着所有同事惊讶的围观，我把东西收拾进纸箱，搬着纸箱走出公司大楼。

而第二天，我的办公地点，就从距离天安门只有 3 公里的金融街，改到了北四环的一处破民宅。

就这样，作为一个毫无经验的外行，我一头扎进移动互联网，参与到这次血雨腥风的商业浪潮，以及史无前例的造富运动中。

2016 年，我的公司获得喜马拉雅和慧科教育的 1100 万 Pre-A 轮融资，2017 年拿到国内顶级风投经纬中国和腾讯双百的一共 3300 万元 A 轮融资。而后公司蓬勃发展，年营收达到数亿，在北京养活了有几百位高薪人才的团队。

得益于公司的发展，我个人入选 2017 年福布斯中国“30 位 30 岁以下”精英榜，两次入选胡润 30×30 创业领袖榜单，参加了经纬中国亿万学院二期，资产和身价也跟着公司的壮大一同增长。

这些外在的成绩，是社会对我过去的肯定。更重要的是，经历过长期创业的历练后，我对商业的理解、对人性的洞察、对组织的管理，都经历了快速的迭代和成长。**而这些是我不可多得的一笔人生财富，也是我成就感和安全感的真正来源。**

二、我与这本《肖逸群的创业手记》

创业后，有一位创业师兄建议我通过文字，定期记录和复盘创业心得。于是我从 2016 年 1 月开始，每周写周报，并且发给公司全体小伙伴。不知不觉，这个小习惯坚持了 5 年，也成为这本书的开始。

2016 年 1 月，我动笔写下第一篇周报，发给公司当时仅有的 5 个人。这篇周报记录了一个极小的初创团队创始人对未来的憧憬。

2016 年第 8 周的周报，我是在从上海回北京的飞机上完成的。那次我刚刚谈完并基本敲定投资，融到了人生第一个 1000 万。激动之余，我跟团队分享起了自己对所期望的“团队气质”的理解。

2016 年年中，我们团队刚刚实现盈亏平衡，我终于从担心现金流断裂的恐惧心理中跳脱出来，怀着极为欣喜的心情，写下了一篇非常痛快的周报，还把“终于盈利”的事情，激动地说了三遍！

2017 年第 10 周，我开启内部二次创业，在周报中写下我带领团队打造爆款“潘多拉课程”的整个思考和定位。

2019 年 5 月，我们经历了微信官方对打卡裂变的“点名封杀”。在极其焦虑的状态下，我写下了一篇周报，安慰自己和团队“逆境乘风破浪”。

……

每篇周报现在回看，我都能清晰地想起，当时写下这篇周报时，公司的情况、团队的心态和自己的状态。创业不是一帆风顺的。在公司遇到逆境、自己遇到挑战的时候，我都会忍着悲痛咬着牙，坚持写作。虽然当时心情非常非常差，但我还是会整理好心情，把满满的正能量，传递给我公司的小伙伴。

现在，我要为当时自己的坚持点个赞。

很多事情已经过去好几年，在这本书里，我会在每篇周报前，加上一些从现在视角来看的评论和注解。我想通过这个来告诉你，创业公司的 CEO 踩过哪些坑，团队经历的是高光还是至暗时刻，从而真实还原我的成长和创业历程。

三、你与这本《肖逸群的创业手记》

最近，我开启了人生的一个新尝试——做短视频。在 60 天内，我发布了 33 条作品，获得千万播放量，全网涨粉 20 多万。

账号后台，每天有无数年轻人问我各种各样的问题。他们一个个就像是当年的我，出身普通家庭，渴望积累财富和改变命运。他们身处迷茫之中，找不到方向和发力点，但又不甘心就这么过一辈子，对这个社会充满了憧憬和好奇，又经常问出一些幼稚的问题。

有一次看马云的演讲，里面谈到他给年轻人的人生规划：20 岁以前，你要做一名好学生，想要成为一个企业家，就要广集经验。30 岁以前，要做一名追随者，小公司更适合你，别太纠结于去哪家好公司，而是去看追随哪个好老板。到了三四十岁，你要清楚地意识到，你是为自己而工作的。

在我 20 岁刚出头时，作为一个普通人，我也曾想找大佬带我飞，但遗憾的是，这个奢望一直没能实现。

也许，你也有过这个想法，而现在的你也一样，还在只身奋斗。

我希望，通过自己的真实记录，能够让我的十年创业经历对你有帮助。也许是我踩过的坑，也许是我领悟到的道理，对你会有那么一点点的启发。

一个有着与你相似的背景、相同的目标、同样没有大佬带路的普通人，他的奋斗经历，也许更值得你参考借鉴。

这就是我整理这本创业手记的原因，也会是我更大成就感的来源。

这是我北漂奋斗第一个十年的总结。给和我的人生轨迹有交集的朋友们，也给所有当下想通过奋斗改变人生命运的每一个普通人。

肖逸群

2020 年 9 月 5 日

北京 · 星辰教育总部

第一部分

FIRST

十次创业，十次试错

当我还在大学的时候，曾看到一段乔布斯在斯坦福大学的演讲：

Again, you can't connect the dots looking forward; you can only connect them looking backwards. So you have to trust that the dots will somehow connect in your future. You have to trust in something — your gut, destiny, life, karma, whatever. Because believing that the dots will connect down the road, will give you the confidence to follow your heart, even when it leads you off the well-worn path. And that will make all the difference.

再次说明的是，你在向未来展望的时候不可能将这些点联系起来，而只可能在回顾过去的时候这么做。所以你必须相信这些点会在你未来的某一天串联在一起。你必须相信某样东西，无论是你的勇气、命运、生命还是因缘。因为如果你相信一路上的这些点会串联起来，你将会有信心追随自己的内心而前进，哪怕由此走上不同于常人的道路也无所畏惧。而这将会让一切都变得不同。

当时听到这段演讲，我觉得很有道理。如今，感触更加深刻。

我的前十次创业经历很杂，但我在这次梳理的过程中发现，这些经历恰好印证了乔布斯的这段演讲：**你必须相信这些点会在你未来的某一天串联在一起。**我现在创办星辰教育的经历，就是我前面十次创业里，无数个点连成线的成果。

这些点，可能是一个技能，可能是一个感悟，也可能是一个大坑：让我在后面的人生中提前做好准备，少交学费。

回顾我前十次创业经历，或者更准确地说，是我的“商业试错”经历，虽然挣的钱跟现在的公司相去甚远，但这些经历，是我人生路上非常宝贵的财富。

为了能更清晰地还原我的奋斗过程，我将会给大家展示，一个屡败屡战的创业者是如何踩坑，然后从坑里爬出来，再不断避坑的。这次，我将过往的十段创业经历，按照时间线做一个梳理，放在这本创业手记的第一部分。

这部分一共 2 万多字，你可以把它当成正餐前的甜点，只需 30 分钟，就可以快速回顾我的十次试错。

希望你在看完我的这些经历后，依然能够**对当下无比坚定，对未来充满信心。**

班级里的图书馆

俗话说："男孩要穷养，女孩要富养。"我就是穷养长大的。

我出身教师家庭。从小，虽然我没有太多零花钱，但父母在知识和书本上还是非常慷慨的。特别是我的母亲，在我小时候家里经济并不是很宽裕的情况下，还是给我买了很多书籍：《十万个为什么》系列，《孔子》《孟子》《韩非子》《居里夫人》《爱因斯坦》名人传记系列，《初中生之友》《读者》杂志系列，《搞笑故事》《世界上有没有外星人》杂书系列等。

小城市偏远，正经的大书店不多。每次逛街时，看到有书摊，我都会兴奋地冲上去，然后在里面找到自己感兴趣的书目。我会挑选好几本，然后用渴望的眼神看着母亲。

这让我在初二的时候，就已经拥有整整一大书柜的书。

从小穷养的一个好处就在于，当我对零花钱极度渴望时，我最先想到的是如何通过自己来挣，而不是跟父母要。所以，每次从学校门口的小卖部路过，一闻到烤串的香气，囊中羞涩的我都会绞尽脑汁地想：怎么才能挣钱？

有一天放学回家，我看到我的大书柜时，突然想到一个绝佳的点子：在班级里办一个"共享图书馆"。

我开始谋划细节。

1本书或杂志，价格从2元到20元不等。如果按照1本1天1毛钱的收费方式，我出租10本书，1天就是1块钱；出租100本书，1天就是10块钱！这对于当时的我来说，是一笔巨款！

想到这个策略后，我兴奋地从床上跳起来！

对了，我还需要一个小本本，用来记录租书的细节：谁，什么时候租了什么书，给了我几毛钱，预计什么时候还……都得记录清楚。

第二天，我就带上我的小本本，还有10多本书，来到班级，开始向我邻座的同学推销。

当时还没有“共享经济”这个概念，但这个模式跟现在的共享单车很像。

对于我的同学们而言，很多人没有像我一样拥有这么多书，即使有，也有很多人没看过我的书。因此，在我跟大家解释完怎么借书，并公布价格后，第一天我就租了 4 本书出去。

当时我特别兴奋！以至于在上课的时候，都在兴奋地想，怎么扩大借书圈，能不能扩散到其他班级等细节。

这个商业模式简单，而且定价友好。因为是按天收费，我的同学们会在租了一本之后及时看完然后租第二本。没几天，我的“共享图书馆”就在班级里拥有了很高的市场覆盖率。而我则会在每次课间打开我的小本本，看上面记录的一条条明细，想着自己一天坐着不动就能挣几块钱。这种感觉真好。

直到……一次英语课。

一位同学在上课期间，仍在津津有味地读我的课外书，以至于都没有发现老师已经走到身边了。老师一把抓住他正在读的书，当场缴掉！

我一看，大事不好！这本书就是我租给他的！

然而，这还不是最坏的。课后，老师把这位同学叫到了办公室。

过了半小时，有同学过来跟我说，班主任要找我谈一谈。

就这样，我的第一个“共享图书馆”存活不到一个月，就被勒令关停。而我，在被班主任严肃批评教育后，也放弃了上学期间做小生意的想法，从此一心用在功课上。

现在回想，关停是必然。假如班上有 30 位同学借了我的书，其中 10 位同学不老实，在上课期间看课外书，每个人每节课被抓到的概率可能只有 5%，但是当租我书的人足够多、时间足够长的时候，我被关停，就是 99% 会发生的确定性事件。

倘若我当时先知先觉，拥有极强的风险防范意识，拟定一个用户协议，要求借我书的同学不能在上课期间看书，否则在被老师抓到之后，后果自负，不得把我供出去，并且收押金来做保证，也许这会是个一定程度规避风险的方法。但我会长期挣到钱吗？我想还是不会。

因为当我越做越大后，班上可能会出现竞争对手，别人也会拿出自己的书来出租；或者有的同学会看我眼红，直接找班主任举报我。这些都是很有可能会发生的事情。

这次关停的经历，让我第一次感受到什么是“政策风险”。同时，也让我过早萌芽的小生意心态及时刹车，将自己所有的精力投入在学业上。

如果没有这次经历，我可能会因小失大，因为在改变命运阶层跃迁这件事上，学业和高考，是确定性最强、性价比最高的方式了。

在全身心投入学业的状态下，我在后来的中考中以第一名的成绩进入当地的高中，高考时再次以全校理科第一名的成绩考取了北京的对外经济贸易大学，从此，开启了我到现在十多年的北漂经历。

在这里，我要感谢当时所有的同学和老师。

A past Dot has been connected.

一台苹果给的勇气

来北京上大学打开了我的视界。

我第二次挣钱的经历，起源于我对一台数码产品强烈的渴望。

2008 年我刚上大学，用的还是数字键盘的“山寨机”，这还是一个在北京手机商场做生意的朋友送给我的。对于那个时候的我来说，彩屏手机就已经非常时髦了。到大二的时候，我有位室友用的是可以安装软件的诺基亚智能机，当时这对一个数码控的男生而言，就已经十分让人“心水”了。而与我同一层其他寝室有个偶然认识的朋友，当时用的是苹果电脑和 iPhone！第一次看到他的电脑和手机时，我惊呆了。

你无法想象，对于一个数码控的男生而言，第一次触碰到苹果产品，感受到苹果的键盘、屏幕时的兴奋感。我仿佛在触碰一件艺术品，不管是软件还是硬件，都让人觉得是科学和艺术的结晶。

原来世界上，还有这么完美的电子产品。我要是有一台苹果产品，那该有多好！

现在再来看当时的欲望，真的很简单：拥有一台几千块的电脑或者手机就已经满足了。但对于当时还处于学生时代、一个月只有 1000 元生活费的我而言，想要靠着省吃俭用买下一台苹果，是根本不可能的。

于是我给自己定了个目标：一个寒假，要挣够一台苹果的钱！

当时我读大二。

寒假有春节，所以是不可能去实习的。另外，兼职给的报酬也不高。

我思来想去一个晚上，想到了一个方案：自己办培训班！

对于办培训班，我首先有个天然的优势：我高考时是全校状元。并且我通过高考来到了北京，经过一年半的时间，增长了很多见识。这是拿得出手的招生宣传点。

其次，我在大学期间加入了校团委宣传部，从海报设计到文案能力都得到了培养，我完全可以自己来设计制作招生物料。

再者，我在大学期间，认识了很多来自超级高中的朋友，他们跟我共享了很多他们老师讲课的音视频以及资料，我可以在课堂上将这些资料分享给我的学生们。

有了以上三点考虑，我开始着手打造产品，设计海报。下图就是我当时设计的招生海报：

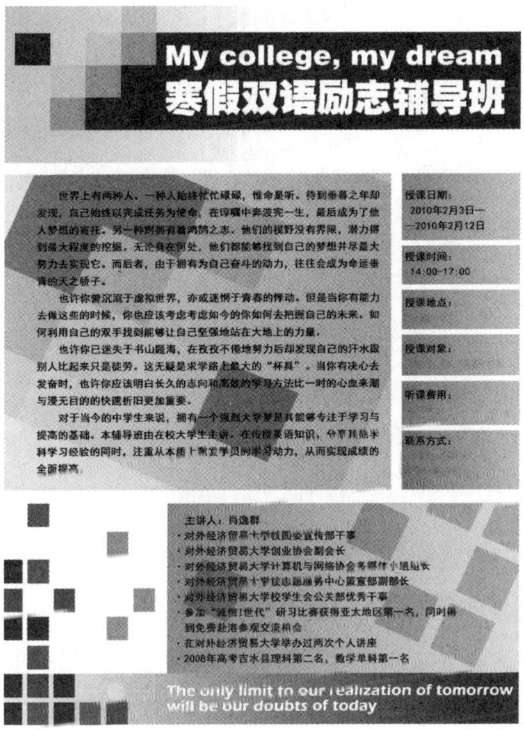

当时培训班的名字叫**“寒假双语励志辅导班”**。由我来主讲新概念英语，同时，我还会利用课后的时间，跟他们讲一讲我在大学的见闻，所看到的世界，给他们鼓鼓气。

海报设计好打印出来之后，我通过两种方式来做宣传。

第一种是海报张贴。我在当地中学校门口几个人流密集的位置，把我设计的海报张贴了出来，然后静静地在家等电话打过来咨询。

第二种是拿着海报进校宣讲。说到这里就不得不提到我当时的高中老师们，有好几位老师，我到学校跟他们一讲我的概念，他们都十分支持。

有的老师马上叫来了他们的班长，带着我去他们班级里做宣传。还有些老师甚至直接带我去班级里亲自跟学生介绍我，让我现场招生。

最让我感动的一位老师是我的高中班主任，他主动问起我有没有办学条件，如果没有，可以直接搬几张课桌回家，等培训班结束再搬回来。他表示相信我的人品，这令我十分感动。

这次我一共招了十多名学生，不少都是通过进校宣讲实现的。

在开课后的十多天里，我每天上午备课，下午讲课，给他们讲了英语的学习方法，讲了大学里的各种牛人故事，还分享了其他高中名校名师的授课经验。

同时，我跟学弟学妹们也建立了深厚的友谊，有好几个还长期保持联系，我会时不时地给他们建议和鼓励。

经过这次商业尝试，我也成功地实现了我的目标。总结这次实践，可取之处如下。

一、提前将海报设计了出来。在进校宣讲的时候，我是拿着海报过去找老师的，老师看到我的海报与文案之后，直接就明白了我的需求，会叫来班长或者亲自为我站台背书。后续我经过复盘发现，本次招生大部分都是通过进校宣讲完成的，而在公开场合张贴海报，并没有为我带来太多的转化。所以，海报搞定了老师（当然也有我过去的成绩和他们对我的信任等因素）与家长，让我有招生可能的同时也让家长愿意让孩子报名我的课程。

二、将自己大学的见闻作为核心卖点。虽然我有状元的背景，但我跟其他教书几十年的当地名师相比还是相差甚远，所以大部分学生在跟家里沟通的时候，他们的父母对我其实是不太信任的。但当我把自己大学的见闻作为卖点，主打励志、增长见识时，就成功地吸引了一些对大学有憧憬的学生。他们拿着我的海报成功说服了他们的家长，因为可以来我这儿增长见识、培养对大学的渴望，从而更好地在后续投入学习。

同时，这次实践，也存在一些我自身能力不足及前期考虑不周所导致的问题。

一、没有珍惜线下宣讲机会。在我进入学校做招生宣传的时候，我只介绍了自己，而对于真正的招生销售部分，却因为自己羞涩没好意思说，只是将海报给了感兴趣的学生，没有宣传到位，浪费了不少机会。

二、公开张贴的海报太小。设计海报的时候，我只考虑了近处看海报的视觉效果，而没有想到在人流密集的公开场合，人们面对一张充满密密麻麻小字的海报，是不会主动凑过去看的。海报是 A4 大小，远看根本不显眼，所以在我把海报张贴好之后，我立马想道：完了，隔这么远根本看不到我的海报标题是什么。

虽然存在一些问题，但这是我第一次通过自己的努力做成一件事情，并成功赚到一笔钱。后来，我也如愿买到了苹果。这份经历，是我第一次接触线下教育，经历了整个招生、运营、授课的闭环。**同时也让我发现，我是可以通过设定目标，设计完成目标的方式，一步步执行，最后达成目标的。**

虽然整个过程很累，但实现目标的感觉是非常有成就感的。

A past Dot has been connected.

人生第一桶金

报志愿是所有高考学子都会经历的非常头疼的一件事。在一个人对真实的社会还一无所知的时候，需要在十多天的时间里，选择也许会影响自己很久的人生方向。

我大学的专业是国际经济与贸易。当初之所以报这个专业，第一是觉得名字很洋气，第二是因为这是贸大的王牌专业，全国排名第一。

来到大学后，与很多同学一样，我发现这个专业并没有我想的那么洋气，也并不是我感兴趣的方向。我每天都在思考，以后会不会靠这个专业吃一辈子的饭。

为此，我曾纠结过一段时间，但后来我想通了：不管怎样，本科学历对一个人来说都非常重要。未来的路还很长，哪怕我再不情愿，也必须把学位拿到。

所以接下来，我力争让自己的成绩在中等靠前，并给自己设置了不能挂科的红线。以我的学习能力，在期末考试前一周开始学习，就基本能满足这个要求。

我从未因为自己选择了一个不感兴趣的专业而后悔，相反，我非常感谢我的母校——对外经济贸易大学。这所学校最大的特点就是氛围非常多元、包容：

你可以做一个学霸，每天都泡在图书馆，期末门门课程 90+，拿国奖准备出国；你也可以从大一开始，深度参与社团、学生会，锻炼自己的组织和管理能力，然后大三开始实习、找工作，加入世界五百强企业；你还可以先玩两年，好好感受大学生活，然后大三开始认真准备考研，努力一年，进入"清北复交"等更优秀的学校。

在这里，不会有人因为你的方向跟他不同而把你当作"异类"。这种多元包容的氛围，让我如鱼得水，经历了很多，也学习了很多。

如果要列举一个我在大学里所有发展的“破局点”，非“设计”莫属。

我的设计经历了三个阶段。

第一阶段：勤劳的个体户

高中时，我曾短暂地接触过一段时间 PS（Photoshop），还参加了全国的信息比赛，虽然没能够因此“保送”大学，但没想到这件小事如同蝴蝶效应一般，改变了我从大学开始整整十年的命运。

这一切都源自我大一时吹过的一个牛。

那会儿社团招新，竞争很激烈。我虽然从小爱思考，但话不多，表达能力不强，在面试中，经常被大城市的同学比下去，根本没有机会。

但一次偶然的机会，我发现学生会对于设计制作的需求很旺盛，这个活儿虽然价值含量高，但工作量也很大，很少有人愿意做，大家也都不愿意现学。甚至当时流传一句话：跟着组织部，天天有进步；跟着宣传部，天天犯错误。

为了能够加入心仪的学生会部门，我在面试中包装并突出了我的亮点——“PS 很不错，曾获省里设计比赛一等奖”，并表示我加入后可以承担设计海报这种脏活儿累活儿。

就这样，我顺利通过面试，成功加入学生会宣传部和公关部。

在通过面试后，虽然实际上我只会一些“基础的 PS”，但为了圆自己面试时吹过的牛，我赶紧买 PS 的网课，认真系统地学习。由于我做事比较急，常常一学就是好几天，通过一段时间的密集学习和训练，我快速地掌握了这些软件，圆下了我面试时吹过的牛。

加入学生会之后，大一期间我是一名干事，部门不断地给我派任务，我基本上每周都要做好几张海报。从开始模仿借鉴网上的海报，发展到后来我直接打开 PS，两小时就能完成作品。

因为我设计不错、好沟通、不挑活儿还免费，到大一下学期，我就成了学校的一个小名人，大家都知道我会设计，一有设计的相关需求，就会想到我。我也通过不断接活儿，锻炼我的设计能力，收获一个群体的认可和口碑。

这是我当时接活儿的文件夹截图，每次有新项目，我都会以接到需求的时间建立一个文件夹。这些都是社团外的私活，当时我加入了三个社团，社团内部的需求大部分也是由我来完成，所以大一这一年，我除了学习之外，做得最多的就是设计。

以上是我做设计的第一阶段，在这个阶段，我还是单兵作战，能力也相对单一，只会按照对方的需求来做设计。长此以往，我可能只是掌握一个技能，挣一些零散的钱而已。

但这时，一通电话，让我的能力提升了一个档次，也让我距离后面的第一桶金靠近了一步。

第二阶段：带团队，做视频

大一期间，因为平面设计做得好，做事靠谱，我接到当时社团大 boss

（社长）的电话，被他安排了一个新工作：做视频。

如果一张平面海报的工作量是两小时，那么一个五分钟的视频，就需要一周的时间完成，还得是团队作战。但从平面到视频，我的能力增加了不止一点点。

我的第一个视频是制作一个志愿者表彰大会的开场视频。在被安排制作视频后，我在暑假期间参与到另外一位学长的视频组，通过设计的特长加入。而这位学长是视频制作的老手，更是团队管理的高手。

那段时间，每天醒来，我就带着电脑过去，学长给我安排任务，我按照他的任务和要求制作视频素材。

在工作间隙，他时不时问我这首歌怎么样、这个特效如何如何。而我也一直在观察，学长怎么把一个复杂的视频拆解，如何带着我们完成“小零件”之后，最后在他的电脑上“穿针引线”，做成成品。

就这样，在学校的一间办公室里，我们四个人整整待了一个星期。

视频做好的那一刻，他第一时间拉着我们一起看。

当看到画面、文案、音乐、音效这些要素都恰到好处地把一个个故事讲出来时，我突然明白，原来之前的所有小细节，是有这样的设置和用心。

第一遍看完，我热泪盈眶。

一方面是感慨自己过去七天的努力终于有了收获，另一方面是被学长的才华吸引，迸发出对学长的崇拜之情。还有，背景音乐真的很燃，很感人。

“要成为像他一样的人”，我的视频制作生涯就此开始。

万万没想到，这项技能不仅在接下来让我收获第一桶金，还让我在后续的创业中获益良多。

在完成这次团队的协同作战后，大二开学，我因为设计能力优秀，被推荐加入了校团委宣传部。

在做了很多平面后，一个机会突然降临到我身上：学校 2010 年元旦要举办一场晚会，需要一个开场视频对全校学生这一年的学生活动做一次回顾。由校团委宣传部负责这次视频的制作，而我作为宣传部唯一一个拥有“技术”背景的成员，这项重任就自然而然落在了我的身上。

开启这项任务之前，我再次购买网课，并把视频制作的 AE（After Effects）、PR（Premiere）等相关软件全部下载了个遍，然后跟着课程，在寝室连续学习了好几天，把这些软件的基本操作融会贯通。

接下来，我开始搭建团队。

这是我人生第一次自己搭建团队迎接一项挑战。

我当时的领导，一位大三的学姐，非常支持我，给很多学生组织的部长都打了招呼，让我随时去“抓壮丁”。而我则是在校学生会、社团联合会等地方都物色了一遍，挑选团队成员。

因为临近期末且没有任何酬劳，大部分人都不想接这种活儿。但我仍然尽力跟他们谈话，对他们说，这是一件非常有意义而且可以学到很多东西的事情，你看那个谁也加入了，大家还可以相互认识。

然而，很多人都拒绝了我。

我清晰地记得，当时我最害怕的就是有人突然给我发信息，解释说自己很忙，有其他的事情，不想参与进来。收到这样的信息，我虽然心情很难受，但还是会故作轻松地回复：没事，很理解，我再找别人试试。

但好在，还是有很多人在跟我谈话之后，选择信任我，义无反顾地加入进来。这其中就有一位，成为后来我创业的合伙人。

元旦晚会的视频预计要十多分钟，分结构，由将近十个部分组成。

为了让团队有成就感，我在团队组建后，做的第一件事，就是做了一个视频片头，用了几十秒的特效，把所有参与者的名字、职务都加了进去，放在这个视频的最前面。

片头完成后，我发给每一位团队成员，让他们感觉到这是一个很牛的项目，而他们都参与到了这个项目里，并且留下了名字。

在看到这个片头后，整个团队都为之振奋。一方面，是因为片头的特效非常棒；另一方面，自己的名字出现在这么酷的视频里，很多人之前都没有体验过这样的感觉。大家纷纷表示，一定会好好干一场！

我们就这么轰轰烈烈地开动了！

我至今依然清楚地记得，为了做好整个故事线，我把视频文案不断打磨，修改了十多版。定稿后，我去找了校广播站最厉害的播音员配音。

为了收集好的素材，我和团队跑了很多学生社团，找他们拷贝图片和视频，一共整理出了几十个G共几万张图片。然后团队分工，从这些图片里精挑细选、分门别类，将它们放在视频不同的部分。

为了找到足够匹配场景的背景音乐，那段时间只要我一闲下来，就一首首地听音乐，为了能够从上千首音乐中挑选几首或燃或动情的音乐，为视频打好底。

为了做到足够有冲击力的视觉效果，我自己在国外网站学习如何制作特效，并且把背景音乐和照片切换着相互匹配，力求做到恰到好处地卡点。

十几分钟的视频，我们奋战了三个星期。

元旦晚会上，视频播出后，爆了。

视频播完后经久不息的掌声，以及晚会筹办同学发给我的感谢短信，让我觉得，这一个多月的付出简直太值得了。

现在看来，当时不为报酬、全身心投入地做这件事，甚至推后开始复习的时间，有些鲁莽。但后来，我看到一个很重要的法则叫“鲁莽定律”，是罗辑思维CEO脱不花说的：把事情先搞起来，你就成功了一半！

这次项目，虽然上手很鲁莽，但让我收获很大。

我的视频相关技能得到很大提升。我从只会做设计，到担任策划、文案、视频、录音、监制等，成为多面手。

我锻炼了自己的团队管理能力。我从单兵作战，到学会团队的管理，包括动机、进度控制等。

同时，我还收获了知名度。我在视频开场放了我和团队成员的名字，视频被全校师生看到后，所有人都知道有一个人叫肖逸群，是做视频的一把好手！

而这些收获，我一开始根本没考虑到。我只是觉得做这件事有意思，会让我成长为像学长一样的人。

这次元旦晚会视频，让很多人记住了我，也为我开启了大学副业的最终阶段：赚钱。

第三阶段：开启乙方赚钱模式

大二下学期，因为元旦晚会视频的一炮打响，找我做视频的人越来越多。于是我在学姐和老师的支持下，成立了一个团队，专门负责平面和视频的设计制作。

这个团队跟普通社团的主要区别就是：商业化运作。我不再免费给别人做视频，而是市场化的方式：谈好价格再开始做项目。

说白了，就是我成立了一家广告公司，做乙方，挣钱！

找我的不仅有社会上的公司，还有想学习做海报和视频的学弟学妹们。我在一个月的时间里，组建了一个十多个人的团队，对外宣传公司化运作，收费做视频。

团队成立后，从学校的各个学院、行政部门到外部的公司，大量需求订单涌向我。

我和团队，也在不断优化我们的视频制作能力，并会把制作完的视频发到视频网站上，进一步增加我们的知名度。通过这样的良性循环，我们的视频单价也越来越高。

到大学快结束的时候，靠着自己和团队努力，我攒到了人生第一桶金。

大学期间的这段经历，是我成长过程中的一条重要支线。让我在面对一个自己不喜欢的专业时，幸运地收获了“一技之长”，并靠这个“一技之

长”，串联起了我带团队的能力、搞定客户的能力、项目管理的能力，最后也让我实现了经济独立，完成初期的积累。

最后一句话，是这段经历教会我的，分享给你：

Today you do things others don’t do. Tomorrow you do things others can’t do.

（今日你做了别人没做的事，明日你将会做别人不能做的事。）

A past Dot has been connected.

第一次做产品

一、为什么要做一个产品

大学四年的时间，很长，也很短。大三上学期的时候，我还没有那么强烈的感觉，但当到了大三下学期，我突然发现，还剩一年多一点，就要毕业了？！

我的大学就快要结束了？！

当我细数大学的经历时发现，我还有一件很重要的事情没有做。我告诉自己，如果大学期间没有做这件事，毕业后一定会非常遗憾。

这件事就是：做一个产品，然后卖给别人。

可能你会问，你不是在做广告公司挣钱吗？为什么又想做产品了？

之所以想做产品，主要原因是，每次我做乙方，都会拼尽全力来做好一个作品。而这个作品，在交付给对方之后，就成了别人的一部分。我虽然也会享受到来自客户和客户的对象的称赞，还有一笔很可观的酬劳，但心里多多少少还是有一些失落感，就像是把自己辛辛苦苦养大的孩子送人了。

所以，这个项目启动的时候，更多的是希望自己的大学不留遗憾：要做出一个由自己设想、自己主导的产品。

想清楚后，我就思考应该做什么样的产品。

当时我有很多校外的学生朋友，其中有人跟我说起，他们学校有个学生做了一款校园风景图案的扑克牌，卖得非常好。而且成本只要一两块一副，价格可以卖到十多块，利润不少。

这件事启发了我。如果我利用自己的设计能力，制作一副以我们学校为主题的“文化纪念扑克”，会不会也很热销？

我开始琢磨此事。开始设想如果由我来设计这副扑克牌，应该怎么设计，怎么解决启动资金的问题，怎么销售，取什么名字，拉谁一起来做。

我还记得，下决心的那个晚上我心潮澎湃，整晚都没睡着，一直在琢磨这件事。第二天，我早早地起床。那是我人生第一次体会到："叫醒你的不是闹钟，而是梦想。"

我在心里列下我将要组建的团队名单，然后挨个找他们聊，说我的产品设想，询问对方的意愿，愿不愿意投入时间和金钱。

大学几年积攒的口碑，让我在同学群体中有一定的认可度。大部分人都表示感兴趣，并且表示愿意投钱，以解决启动资金的问题。

但是，在最开始一个很重要的环节，我犯了致命的错误：股权。

这是我第一次以股份的方式号召大家参与一件事。之所以做股份的设置，是希望能够吸引更多的小伙伴加入，从而解决产品之后的"销售"问题。我当时天真地认为，股东要越多越好，这样在售卖产品的时候，大家会一起来卖，销量会更多。

我一共拉了九个人一起来做，这九个人都是股东。而在一开始设置的比例中，我只占 20% 的股份，并没有绝对控制权，其他有三个人各 17%，两个人占 10%，还有三个人占 3%，除了我之外的其他股东加起来，一共有 80% 的股份。

一开始我充满干劲，以为只要给了股份，大家一定会齐心协力干，并且这其中还有很多人是我的好朋友，应该会很支持我吧。

但是我犯了一个重大错误：股权太过分散。因此，股份比例确定后，现状着实给我上了一课。

在产品上线前，股份均分的最大问题就是：没有人愿意干活，也没有人听我的。

由于我的股权不是绝对领先，并且大家都有不少的股份，加上事先也没做好明确的分工，所以在后续任务分配上，大家会有一个心态：这么多人，凭什么找我来做这些事？你股权也就比我多一点点，凭什么指挥我来做？这是我吃的很大的一个亏。

而我本身股份也不多，只有 20%，所以在执行的过程中，也有强烈的委屈感。

但因为我是发起人，又是股份比例最高的股东，所以，虽然内心充满了强烈的委屈感，但出于契约精神，以及因为股份比例也是我定的，我告诉自己，含着泪也要做完。于是，我默默地一个人开始推进绝大部分的前期工作。

这个坑，我一直铭记于心，对我后续的创业有很大帮助。

说完开局，接下来，就是做整个产品的设计和执行了。

二、贸牌打磨的全部过程

一副扑克牌有 54 张，我需要设计 54 个版面的花色。另外，还需要设计出包装盒。我当时调研了市面上所有其他学校的文化纪念品，发现大部分用的都是“学校风景照”。

一开始，我也想直接就用学校风景照。但简单的设计图做出来之后，我觉得不够好看。而同时，我也买了其他学校的风景照扑克牌，都不好看。因为扑克牌本身图片比较小，这种“学校风景照”在印刷质量不好的情况下，往往会出现偏色、重影的现象，显得质量非常差，格调不高。

我认为，校园风景照只是这所学校的外观。我希望制作出一副能够把“校园文化”承载下来的扑克牌：五到十年后拿出来一看，依然可以清晰地回忆起当时的校园氛围是怎样的。

那么如何用扑克牌去承载“校园文化”？

我琢磨了将近一周，从当时最流行的“凡客体”广告中得到灵感。

不知道你是否记得“凡客”和“凡客体”广告，它是当时互联网最流行的一种广告体，推出后，在网络上引起大量模仿，让“凡客”品牌广泛传播。

如果把我们自己的大学生活提炼出 54 个关键词，同时对应 54 张扑克牌，再对每个关键词做与凡客体一样的展现方式，把日常大家围绕这个关键词说得最多的一些“碎片化的信息”“校园流行语”等放在扑克牌上，那么，多年之后，大家再翻开这张扑克牌，看到当年沟通的细节，会不会很有回忆感，一下子被带入当年的情境中？

想到这个方案后，我发挥自己PS的特长，当晚就快速做了两个样图：一个是挂科，一个是图书馆，这是大学时代作为学生非常关心的两个关键词。而上面的句子，也是当时学校学生中流行的。

当天晚上，我就把设计的样图发给团队小伙伴们，并获得大家的一致认可。我们扑克牌的版面就这么定了下来。

主要产品确定后，我们想了一个非常激进的名字——贸牌，谐音“冒牌”。

一开始我们觉得这个名字有风险，但是跟一些同学沟通完之后，大家都表示，这个名字太好记了，有很强的“冲突感”。于是名字就这么确定了下来。

产品设计完成后，我们在供应链这块也吃了大亏，就不详细展开了。总之，实体创业，供应链非常重要，管理供应商、跟供应商博弈，这里面有太多需要注意的点。

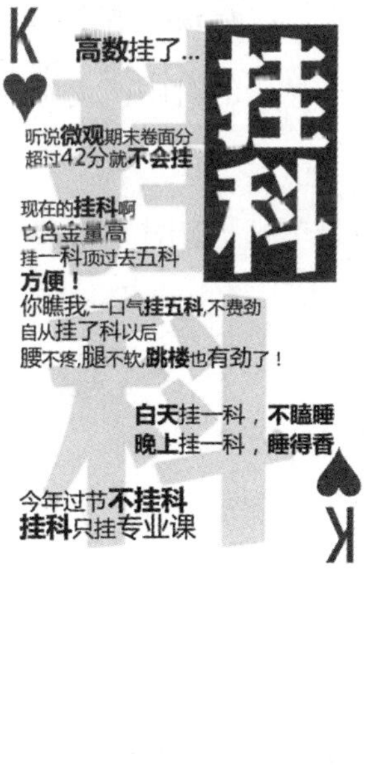

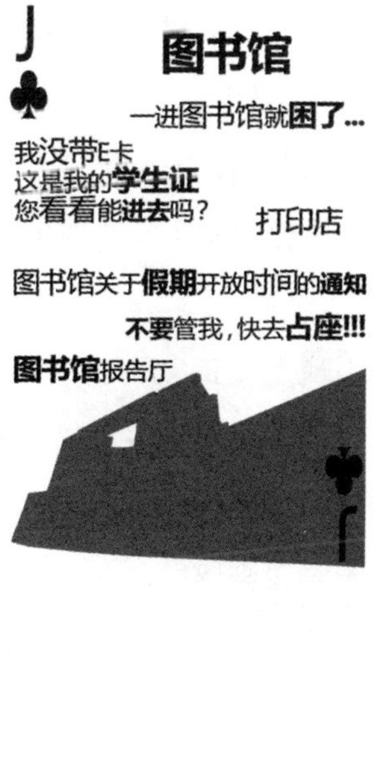

敲定厂家，投入印刷后，我们打算在学校 60 周年校庆时发布，趁着校庆大卖一把！

三、半路杀出个程咬金

在此次创业之前，我做的事情都比较小。做乙方的时候，都是甲方主动找到我，只要我愿意接并且价格合适，都可以直接成交。我的商业经历里，从来没有出现过“竞争对手”这个词。

而这一次，就在这个小市场，他来了，还打乱了我的节奏。

我们本来设定好在校庆当天通过线下摆摊来售卖。产品都已经做完，就等着货到了。

就在一个平常的下午，我收到一个股东发来的链接，打开一看……我惊呆了！

在我们学校的 BBS（论坛）首页，出现了一个超级火的帖子：有人推出了铁盒包装的“手绘贸大风景照扑克”，包装精美，手绘风格也耐看，通过 BBS 来售卖，有需求的直接回复邮箱和手机号，并且……

已经有 20 多页的回帖？！

产品刚上线就卖出了 200 份！上了前十热帖，顶在 BBS 的首页！

我为贸牌付出了三个多月的努力，但在看到帖子的时候，我显然没有做好准备应对竞品。

我在座位上发了一小时的呆！就一直刷着这个帖子，看着后面不断有人跟帖要买。

那天晚上，我失眠了……

你可能会觉得有些可笑。但当时作为一个从未感受过竞争对手的商业小白，我很难接受自己付出三个多月心血的产品即将上线之际，半路杀出个程咬金。

就好像初次跟一个人谈了三个月的恋爱之后，突然被对方提出分手一样难以接受。

是的，面对同样的一个市场和需求，我碰到了竞争对手。而且竞争对手在包装和销售方式上，做得比我更好。

我应该怎么办？贸牌还要几个星期才发售，我却完全没做好线上销售的准备，会不会卖不出去？团队的投资会不会打水漂？

当天晚上我想了很多，深深地感受到自己还没出校门，就被社会毒打了（我后来发现，这的确是一个已经毕业的校友做的，我确实是被社会毒打了）。

消化完震惊和无奈的情绪后，我缓了过来，开始思考对策。

我发现，竞争对手的出现，虽然表面上抢了一些市场，但其实对我是有帮助的：

- 帮我印证了存在这个市场：贸大学生对校园文化纪念品是有需求的。
- 网络销售是非常好的传播和销售方式。
- 预售制可以很好地探索市场需求，并且对于供应链这端非常友好，我可以非常明确地知道有多少人需要，根据需求总数，调整印刷的数量，避免出现脱销或库存的现象。
- 包装很重要，当时我的贸牌只是普通纸质外包装，而校友的手绘扑克，主打铁盒包装，更加精美，这也是他的核心卖点。
- 我初期只想到了风景照直接印刷，没想到手绘，其实手绘也是非常好的一种展现方式，也很适合在扑克牌上印刷展示。

过了两天，我再一次释怀：其实“贸牌”的产品设计元素和风格，跟“贸大铁盒手绘扑克”差异非常大，买了后者的话，也会买前者，二者并不是竞争关系。

四、提前预售，网络宣传

想明白这些后，我向对手学习了他们的销售策略：

- 提前订货：我可以通过贸牌样图提前让大家付款锁定。为此，我还安排我的一名团队成员（后来也成了星辰教育的合伙人）快速做了一个简单的网站用于预订。
- 做足网络宣传：通过当时特别流行的人人网和微博，上传贸牌的设计图片，并设计精美海报，做好网络宣传。

两天内，我一个人设计完了包括人人网的海报和相册、微博的长图海报在内的所有宣传物料，并拉上一个有网站开发能力的小股东，让对方做了一个非常简单的订货网站，并设计好文案和导流的链路。

当我小心翼翼地把扑克牌样图，以及精美海报上传到人人网和微博的时候，我静静地等待、刷新、等待、刷新。

逐渐，我的人人网好友看到了相册，开始给我点赞、留言、转发。

转发的人数貌似还可以。对，又有一个人转发了。不错，他也转发了……

火了！

我们设计的产品，得到了同学们的认可和喜爱，在网上火了！

一夜过去，我们的第一批货在 30 个小时内，就全部订完了！

对的！我们的第一批货，还没运过来，就全部卖完了！脱销！

再往后，我收到了很多好友、学长学姐学弟学妹甚至是老师的短信（当时还不用微信）：你做的贸牌，可不可以给我留一副……

我一一回复并表示歉意：第一批已经预订完，没有了。当时，我的心里十分开心：忙了三个多月的产品最终被市场认可了！

2011 年 10 月 11 日，我向所有股东发布了一封邮件，将自己做产品、上

贸牌在微博上的宣传长图

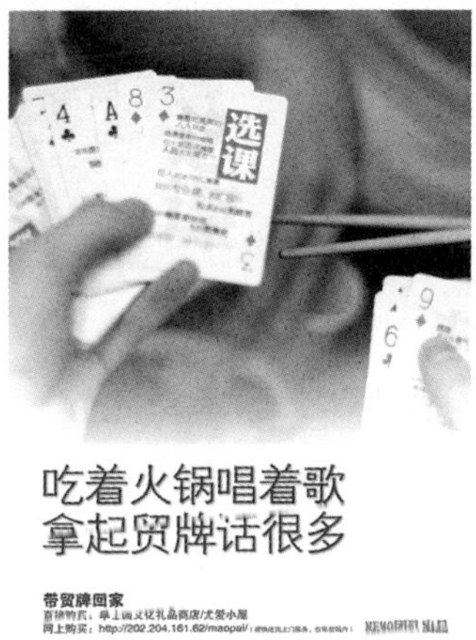

贸牌持续营销海报

线售卖的整个过程做了一次总结，并附带上本次项目的财务报表，把每个人的初始投入、项目的各种开支，以及最后每个人对应的分红，都做了一个明细。

我对每个信任我的股东，都有了一个交代。

一周后，我和团队一起吃饭，把大家的分红包在红包里。那顿饭我们吃得特别香。

后来贸牌持续在学校内销售，团队还做了多次营销活动，进行再次售卖。

分红饭局

五、复盘反思

整个贸牌项目也就挣了几万块，与做视频相比，并不算多。但贸牌项目和对应的团队，是我第一次从零到一做一个实物产品创业。

从组建团队，到搞定供应链、搞定销售渠道，再到碰上竞争对手，到组织网络推广和预售，最后完成发货，并建立线下销售渠道，我经历了自己做产品挣钱的整个闭环。

这段经历教会了我太多太多。

第一是股权的坑。

前面提到过，我对于股权的设计，一开始做得并不够好，太过于均分，最大的股东只有 20%，导致项目初期无人愿意过多出力，都寄希望于其他人，前期也不愿听我指挥。除此之外，前面说到的第二个坑，就是项目做起来之后，没有厘清职责，从而在决策上出现了一些内部矛盾，这也是整个团队在做完贸牌后戛然而止的原因。

而在后续的创业中，我就会十分看重这点：如果我作为联创，我不会要太高的股份。而如果我作为主创，我必须要大股。

这个坑虽然当时踩得很痛，但也让我记住一辈子。

第二是感受竞争对手，以及面对竞争对手的态度。

只要是一个开放的市场，你就一定会有竞争对手。我清晰地记得，在看到“贸大铁盒手绘扑克”的那一个晚上，我的震惊和无力。但好在我后来及时调整了心态，并快速在心理上接纳了竞争对手的存在，并建立了向竞争对手快速学习的能力。

后来我跟这款扑克的创始人联系上，并结下了深厚的友谊。对方是一个已经毕业的学长，他考取了北大的研究生，在北大看到类似的手绘铁盒扑克，于是就直接把这个模式搬到贸大来做。我们之间也相互探讨了很多。

这次的创业经历，让我在后续的创业中，对于竞争对手的出现早已习惯。

不只习惯，我认为竞争对手还是我的良师益友，他们能够让我发现，有哪些点我没有思考到位；他们对于用户和产品的理解，甚至能够给我启发，共同推动行业进步。只要不相互泼脏水、挖墙脚，竞争对手的作用其实是相互促进，相互鞭策。

第三是这次商业尝试让我感受到了互联网的力量。

本来我没想到也不擅长网络推广，但对手的策略把我逼上梁山。因此，我在没有任何经验，什么也不懂的情况下，自己上手，做起了社交网络的推广。

而这次的网络推广经历，让我在设计、做出产品后，又踏入一个新的领域：互联网营销。这也对我后面的创业，有着莫大的帮助。

在这里我也要感谢我的竞争对手，如果不是他的启发，也许我一直没有机会自己从零到一操作一次网络推广，可能也不会有我后面创业的很多事情。

A past Dot has been connected.

创业者的社交梦、平台梦

我的第五次创业发生在大四下学期，与一帮跟我一样，已经找到工作的清华、北大准毕业生。

2012 年上半年，移动互联网的投资浪潮尚未来临。网民的主要时间，还是在 PC（电脑）桌面。微信也没崛起，当时用得最多的社交平台还是人人网。

大学前三年，我做了很多事情，认识了一堆牛人。这些牛人既有贸大的，也有其他优秀学校的。

这次创业，我是作为小股东和联创的身份参与。我之前做活动认识的一位清华折腾达人（化名：老 D），他参加了一个非常火的求职选秀节目。而我通过老 D 的人人网分享看到后，被他现场的激情，以及做一个新型社交平台的梦想所折服。

于是，我当天立刻跟他沟通，了解到他大概要做的事情后，当即表示：我希望加入你的团队。当时他的团队已经成形，他希望与团队一起来跟我聊聊。

于是当天晚上，我就做好了一个 PPT，把自己过往的经历，以及我能够给对方团队带来的价值，梳理了一遍。第二天，当我在清华的会议室绘声绘色地把 PPT 讲完后，双方一拍即合，相互选择了对方。

当时的团队已经有十余人了。其中包括老 D 在内的大部分人，都跟我当时的状态一样：已经拿到了不错的 offer（工作机会），在大四最后一个学期，想看看有没有什么可以折腾的事情。

用一句话形容我们当时要做的社交平台，叫：校园 O2O 的活动发布平台。大学生们想发起什么活动，都可以通过这个平台发布，想参加活动的同学，则可以通过这个平台挑选活动，报名加入。

我深刻地记得，在加入的时候，CEO（首席执行官）的一句话，让我觉得这个项目太靠谱了。

他说：百度、谷歌，是一个连接人和信息的平台；人人网、脸书，是连接人和人的平台；而我们要做的，是一个连接人和活动的平台。

哇，瞬间觉得这个平台好有价值！

CEO 跟我谈定五个点的股份，虽然不多，但我觉得这事儿能做大，于是开干！

我因为有设计和网络营销的经验，所以承担起推广这个平台的职责。同时，我自己组建了个团队，围绕清华、北大、人大、外经贸、北邮、北航、北师大等重点高校，铺设宣传物料。

当时，产品和开发团队也在马不停蹄地搭建。开发团队的负责人是一位有工作的社会人士，为了这件事情，连自己的本职工作都不管不顾，每天写 16 小时代码，连轴做开发。

没过两周，产品上线。我们欣喜若狂，觉得大家一定会疯狂拥入，就像 Facebook 一样，并会快速传遍京城的高校。

然而……并没有。

虽然我们在学校内部做了大量的推广，很多人也了解到可以通过我们网站来寻找活动参与，但是，除了我们自己发起的活动外，没有人在我们平台创建活动，而用户发现平台活动少，时间、地点多种多样，不好协调，参与度不高。

初期，CEO 说投资人很看好这个项目，会给我们投资。后续的会议中，我们问起融资进展时，CEO 说，投资人看了数据，觉得并没有那么好，不打算投资了。

后来，团队陆陆续续有人退出。

等到临近毕业季，CEO 自己也关停项目，顺利毕业，参加工作。

这是我第一次接触互联网创业，虽然做的是线下活动发布平台，但还是非常典型的互联网创业项目。这也是我第一次以联创的身份加入一个团队。

虽然时间很短，只有不到两个月，但仍有不少收获。

复盘这次创业，最大的教训就是：做人和活动的连接，是真需求还是伪需求？

我的观点是，人参加活动，这是刚需。但是，人参加活动也是一个天然的社交需求，可以通过短信、人人网，以及现在的微信群，完美地解决。

作为一名学生，尤其是名校的学生，本来每天都已经被各种功课、社团、实习搞得团团转。自己的时间都已经忙不过来，为什么要参加一个陌生人组织的、跟自己八竿子打不着的活动？

当初最打动我的那句“我们要做的，是一个连接人和活动的平台”，在后来被验证，这并不是一个合理的平台生存逻辑。

商业不是大脑中臆想的空中楼阁，也不是优美的句式，更不是激情和口号，而是真真正正长在用户需求之上，为用户带来价值的事情。

想清楚这件事，是一切的开始。

A past Dot has been connected.

人不靠谱，什么都不靠谱

分享这次创业经历前，先说点题外话。

2012 年 6 月，我大学毕业。

大学期间，我经历过创业折腾，累积了在同龄人中还算可以的社会人脉资源，以及锻炼了一门手艺。大四的时候，一位正在创业的师兄问我，给我一笔钱让我去创业，我愿不愿意。

当时我心动了。

但另外一个带了我三年的学姐，用一句话劝住了我：**你现在是应届毕业生的身份，这个身份只有这一年，你可以利用这个身份解决很多问题。但如果你一毕业就创业，万一创业失败，你在北京可能会没有退路！**

过去的事情不能重来。我不确定如果我当时毕业后直接创业，会不会成功，但以我现在看来，大概率会失败。因为即便我在大学期间折腾了那么多事，在同龄人中显得还不错，但以当时我对商业的理解以及对团队管理的经验，与社会上的“专业玩家”相比，依然相去甚远。

学生思维的特点，就是跟“同年龄”“同级别”的人相比。但在社会上，从来没有“同一级别竞争”的概念，处处都是“降维打击”。应届毕业生创业，缺乏资本和经验，面对的对手可能是一位在行业深耕十年的创业老兵。对方不会因为你刚毕业而对你“手下留情”，他只会残忍地把你“干”死，根本不是同一个量级间的竞争。

第五次到第十次创业，对我而言，都是失败的经历：并没有挣到钱。

也就是说，从 2012 年开始，一直到 2015 年，我连续创业失败了六次。

这六次失败的主要原因还是自己能力不行：要不就是没太理解商业模式，要不就是明明有机会，但不是我这个弱鸡创业者的机会。

幸运的是，我虽然有时很激进，但更多时候，还是偏保守的一个人。

我之所以可以依然在失败六次之后继续创业，不是因为我家里有矿，而是我在毕业时找了一份稳定的工作。

这份工作给了我最基本的生活保障，虽然挣不到大钱，但它让我在北京扎根，让我在创业失败后，依然可以有一个避风港。

当然，我对这份工作也有基本的投入，每天的工作任务我会认真完成。只不过，下班后的八小时，就是我自己不断试错、尝试后面五次创业的时间。

题外话说完，开始讲我的第六次创业。这次创业跟一个老外有关。

我跟这个老外认识，也是因为我大学时会 PS（这个技能简直太管用了，哪里都需要）。

我们学校有所国际学院，里面的学生都是来自各个国家的留学生。有一次，留学生的学生会找到我，希望我去给他们的干事们讲课，付工资的那种，于是我满心欢喜地答应了下来。而我前文提到的老外，就是我 PS 课程里的一个学生。

他来自中东国家，在贸大读博士。同时，他也在贸大教书，跟学校的老师关系不错。在我毕业后，有一天他找到我，表示自己想开一家做外国人来华留学的咨询公司。只要能介绍一个学生来华，就可以获得学生的一部分学费作为他的酬劳。

他是一个非常拼的小伙儿，找了个北京大妞儿，有一个可爱的儿子。

他看我平时业余时间比较多，也懂网络推广和设计，就想拉我一起来做这家公司。我当时对机会的心态都比较开放，所以就答应加入。我们的分工是：他负责搞定学校，我负责推广。

我注册了一堆账号，包括 Facebook、Twitter、人人网等，制作了名片、官网，一切准备就绪后，就等着开工推广了。

但，学校一直没搞定。

直到后来，他跟我说，他要移民国外了，wish me good luck（祝我好运）！

这次不靠谱的创业不到几个月就结束了。

我现在反思，自己当时在看人、分析人的底层驱动这块还是不够准，没有选择对的人。

每个人都想做好所有的事情，但人的精力是有限的。他的博士学位、家庭以及自己的兼职，就足以占用他 90% 的精力。而他跟我说想创业做留学咨询的时候，他可能以为自己可以跟我一样，拿出一半的精力来做，但事实上并不可能。

一个人的言语往往不可信，要看他的行为。

也是因为这件事，我在后续的创业过程中，都会提前问对方：除了参与本次创业外，你还有哪些重要的事情和收入来源？而后分析，创业这件事在对方的优先级有多高，对方是不是 all in（全身心投入）来做这件事。

人靠谱是前提，但靠谱的人对这件事情足够重视，也很重要。

A past Dot has been connected.

被时间打败的影视电商

第七次创业，是跟从北电毕业的一个导演老 Z 一起合作。老 Z 当时给我讲了一个逻辑上很顺的故事。

那几年网剧很火，网络电视剧、大电影，每部都有几千万甚至上亿的点击量。而他作为行业内的参与者，也敏感地感知到这一趋势。

我跟老 Z 通过一个中间人认识，一见如故，我们俩一样，都爱折腾。所以，几次接触下来，我们就已经初步达成了合作意向。

当时，他跟我讲的商业逻辑是：做一个影视电商。简要说来，就是在网剧拍摄期间，赞助剧组衣服道具，以此获得网剧上映后片头的三秒广告。该广告提示观众，本剧中的服装可以在某某网站下单购买。

对剧组而言，只需要提供三秒广告的时间，就可以节省几十万的服装费用；对我们而言，用赞助服装的方式，就可以获得该剧的三秒片头广告，来给自己的电商网站导流，并且该剧的服装是由我们赞助的，我们可以直接在网站里售卖同款服装，获得比较好的转化，通过电商来挣钱。

看到这里，你可以思考一分钟，你觉得这个逻辑顺不顺？

我当时觉得这个逻辑很顺。剧组完全有动力这么做，我们也有动力赞助衣服。而且，网剧上线后万一爆了，我们电商网站的衣服一定还可以大卖！

他跟我说，他跟很多人都讲了这个故事，大家都觉得逻辑很通。同时，他也开始跟一些剧组的制片沟通，对方也表示感兴趣，愿意试试。

后来，我作为联合创始人加入，职位是 COO（首席运营官），负责网站产品的设计工作。

加入后一年，我主动提出退出。

退出的主要原因是，在这一年期间，没有任何一部我们赞助的剧上线。他也很努力，但还是出于各种原因，项目没有实质性的进展。

现在看来，这次创业，有不少值得反思的地方。

第一，团队的执行力偏弱。

第二，商业模式太过于复杂。

当时我没有反应过来，但现在看来，将这件事完成一个闭环，看上去是做一件事，但其实是两家公司做的事情。

第一家公司，是做影视电商，卖影视剧里头的衣服。

第二件事，是给剧组提供衣服道具的外包服务商。其实完全可以通过花钱，买即将上映的影视剧的片头广告，并搞定剧中衣服的库存和供应链，直接开干。而不应该在团队规模只有几个人的时候从刚开始筹备的剧组开始做商务对接，跟进拍剧，这么多的事只会把战线拉长。一部剧从拍摄到上映，很可能需要一年的时间，战线拉得太长，不符合互联网的速度。

现在看来，商业模式本身还是最大的问题。**一个商业模式千万不能太复杂，早期创业团队人手有限，精力也非常有限，一定要从最重要的点入手，不要一下子搞那么多复杂的事情，否则最后一定会导致团队精疲力竭，业务发展没有节奏感，团队热情消耗殆尽。**

A past Dot has been connected.

O2O 租房热

这是我参与的所有创业项目中，第一个拿到投资的项目。从第八次创业开始，我所参与或主导的事情，开始变得靠谱起来。我也从边缘创业，往主流的创业人群靠近。

这个项目的商业模式很简单，一句话就可以讲完：一个真实的在线租房平台。

项目的创始人，是跟我一所学校的学长老 W。在校期间他就特别爱创业，毕业后的履历也不错。我通过朋友圈看到他租下办公场地，并开始招兵买马，被他的创业热情所打动，主动提出想要加入，他也欣然接受了我。

这次我参与的时间有三个月，这三个月对我的社会经验累积帮助颇大。在这三个月里，我经历了裁员，也经历了从合伙到分离。

我加入的时候，老 W 已经获得了一笔种子投资，虽然不多，但是足够支撑我们测试前期的商业模式。而且老 W 很拼，为了探索这个模式，自己还加入链家当了一个月的卧底，研究租房的整个市场和各个环节，找切入点。甚至还挖了链家的一些厉害的工作人员加入，想一起把这件事做起来。

为了验证这个模式，公司快速招兵买马，人数一下子扩充到接近 15 人。我负责做租房网站和 App 的产品，以及 UI（用户界面）。租房第一步，先搞定房源！所以，招来的人有负责联系房主的，也有去线下拍摄房屋真实情况的。大家聚在一间办公室，热火朝天地干起活来。

大概过了一个月，我们收集了上百套真实房源。与很多网站的虚假房源不同，我们网站的定位就是房源真实，而且可以在线下单，直接租房。现在看这种模式很可笑，但当时，在“互联网思维”“O2O 热”的背景下，这种模式被投资人认为是打败链家、我爱我家的颠覆式创新。

收集完那么多房源后，我们开始面向租房人群来做推广，希望能够撮合交易。

但现实狠狠地给了我们一巴掌。

房源在我们的网站发布后，我们只成交了一单，而且这一单，还是老W 的朋友“友情赞助”，刚好在网站上看到一套不错的房子，就下单了。

除了这一单之外，没有任何成交。

当时我是作为合伙人加入，不领工资。经过一个周末，我去上班时发现，公司就剩下一名员工在打电话。我一问，老 W 没来公司，而他正在按照老 W 的要求，把所有人都裁掉。

我赶紧发消息问老 W，这是怎么个情况。

他说，这个模式探索没有成功，我们所剩弹药不多，不能支持我们继续做下去，需要及时止损。

这是我第一次经历裁员，虽然我不属于裁员名单，但当时面对空荡荡的会议室，我的触动很大：前几天，大家还都在拼命，为了共同的目标去努力，想要收集更多房源，找到更多房客，达成更多交易。但就两天的时间，人就都被裁了？！

小公司生存不易。

老 W 说，我们换一换模式，继续探索一下，之前那个模式跑不通。他说，他还能跟朋友借一些钱。

接下来，我就开始远程办公，继续探索新模式。

但接下来发生的一件事情，成了我主动离开的导火索，也成了我日后对合伙人非常关注的细节。

我加入时，与老 W 曾就股份的问题有过沟通。虽然给我的股份只有 5 个点，但我认定这件事情之后可以做大，所以也就没太计较。

但随着我的时间投入越来越多，我并没有收获到一个合伙人的“安全感”：我做了好几个月，老 W 依然没有跟我签股权协议，于是我多次主动提出把协议落定下来。

后来，协议终于落定下来。但落实到纸面，曾经约定的内容变了。

我的股权不是一次性给 5%，而是分了好几份。老 W 给我设置了多个目标，达成一个目标，就给一点点，并且，所有的股权加起来，还不到 5%。

我当时感觉受到了莫大的委屈。作为一个不领工资的小股东，在公司一无所有的时候，就靠着“股份”来干活。结果干了几个月，不仅不主动给我落定股权协议，还在协议里加上这些条件。这种前后承诺的不一致，让我对将来能否长期合作，产生了动摇。

在给我协议的第二天，我遗憾地对老 W 提出了离开。

就这样，我的第八次创业尝试，终止。

复盘这次创业，我有这些收获：

一、租房是一个超级大的市场。当时的在线租房 O2O 非常火热，这个领域一度跑出了一只估值 60 亿元、拿了 3.5 亿美元融资的独角兽——爱屋吉屋。这是一条超级大的赛道，但创始人的融资能力非常重要，因为大的赛道，意味着对手也更多。做平台的话，也需要非常大的资金体量来打败对手，因为平台一般都具有网络效应，最后只能存活一家来垄断市场。如果要在这么激烈的平台厮杀，**你要回答：为什么最后就剩你？因为如果你不是顶级创业者，那么大概率，做平台就不是你的机会。**

二、现在来看，这个市场只剩公司上市了的贝壳找房。不论是我当时的公司，还是后来的互联网大巨头爱屋吉屋，在商业模式上都有问题。即使强如爱屋吉屋融资那么多，最后还是没能干掉线下的带头大哥——链家。

三、小公司动荡太大了。前一天，公司可能还在打鸡血开会，大家奔着一个目标一起努力、加油。可能回到家之后，你就会收到来自公司 HR 的裁员电话。公司和个体，都不好过。

四、作为创始人，一定要对合伙人有合理的保障。我当时还是非常认可在线租房这个模式，所以我并不是因为模式不行而离开，更多的是因为，自己本打算追随的人，前后承诺不一致，很多事情不够主动，我过于失望而离开。**有过作为合伙人的痛，让我后期作为创始人创业时，会格外注意这两点。**

A past Dot has been connected.

O2O 衬衫定制

在这次创业时，我已经有连续四次创业失败的经历了。所幸，我依然保持着向上的劲头，寻觅机遇。

这次创业，也拿到了投资，做的也是 O2O。不同的是，这不是一个平台，而是一个纯自营的业务，一句话解释这个业务的商业模式，就是：线上下单，量体师主动上门量体，给男士定制衬衫。

这次的创业经历，持续时间也不长，最后由于项目资金链断裂而终止。而我在资金链断裂前，就因为精力分配问题，提前退出了团队。

反思这一次创业，我就有一个收获：**当你还什么都没有的时候，专注地在一个团队，做好一件事情，非常非常重要。**

A past Dot has been connected.

贸大校友汇和思享空间

经历了前面那么多次失败，就快要迎来黎明前的曙光了。

这次有两个品牌，选择放在一起讲，因为它们是一脉相承的。

做大事靠能力，更靠时代风口。这一次，我赌对了。在一个大浪潮来临之前，我把握住了“微信生态”的定位，一头扎了进去。虽然这两个品牌没挣钱，但是直接孕育了后来挣到不少钱的轻课。

最初接触微信，还是2012年，我大四的时候。最初我经常装了卸、卸了装，突然有一天，我发现我的朋友都陆续开始使用微信，我就再也离不开了。我相信大家可能也有类似的感受。

同时，微信作为一款超级App，如同黑洞一般，吸走了移动互联网大量的用户和流量。

在App刚刚推出的年代，大家说要做移动互联网创业，都是先搞款App。我在2014年的时候，开始研究起了微信公众号，之所以不搞App，是因为没钱没团队。结果没承想，正是这个背景，让我误打误撞抓住了这个红利。

事实也证明，后来大部分做App的都死了，而做微信生态的团队都活了下来。

总结我在微信生态探索的经历，大致可以分为以下几个阶段。

一、贸大校友汇缘起

我发现，跟我一样刚毕业的校友群体，都有一种“想要抱团”的需求。于是我针对这个需求，做了一个贸大校友主题的社群，在短短半年时间里，我靠着自己的运营，建立了一个庞大的校友网状组织：

- 2个个人号，拥有9000位好友，都是精准的外经贸校友人群

- 接近 10 个微信群，一共覆盖 20000 位校友，分行业、城市和年级
- 70 多个校友群主，大家协作分布式管理 100 多个微信群
- 5 个人的核心团队，以及 20 个人的在校生执行团队
- 平均每周三场线下活动，每场都有几十位校友参加，活跃度很高
- 一场 300 人规模的校友嘉年华，还请到了当时的校党委书记前来助阵

建立起这个在线社群后，我发现我在运营、用户增长、裂变以及社群运营这块，有比一般人更强的理解和思考。但我当时做的是校友的社群，要想变现，可能不太厚道，二来整个社群的天花板明显，贸大总共毕业生可能就几万人，没有做大的可能。

虽然贸大校友汇没有解决挣钱的问题，但这是我毕业后，第一次从零开始，不花一分钱广告费，把它做成一件“规模很大、活跃度很高”的事情。在失败那么多次之后，这件事的成功，极强地坚定了我对自己的信心，让我开始继续探索。

二、思享空间缘起

就在我做校友社群的时候，我发现，有一个很有趣的群体，也极度渴望加入校友的社群之中，他们就是：在校生群体。

我一开始看到在校生群体混进了校友群后，都会直接把他们请出去。后来我思考了一下，在校生加入校友群其实对于招聘信息有诉求，而校友也可能想招实习生，或者贸大的学弟学妹加入自己所在的公司。所以，我就专门建了一个在校生的社群，来做校友的招聘信息发布。

到这里，我的社群，都还跟我的母校有着千丝万缕的关系，虽然拓展了

在校生人群，但是体量依然不够大。我虽然焦急，但始终找不到切入口。

一次机缘巧合下，我还记得那个日期，是2015年元旦，我跟贸大校友汇社群的一位校友在线下见面。当时，对方写了一本新书，想在我们学校内部对在校生推广，想问问我有没有办法租场地借教室做宣传，并给她介绍学生来帮忙操办一下。

我一想，元旦已经是考试周了，且不说多少同学会对新书感兴趣，要组织这个线下活动，现在也根本没有场地可以租借。但这个需求，完全可以通过在线的方式来实现，而且实现的方式也很简单：一个微信群就可以搞定。

我给校友提了通过微信群来做讲座的想法，并且表示，我愿意来免费帮忙组织。而且，我可以保证有200个人来进群听讲座。

校友听完我的分析，以及我的承诺，表示愿意一试。

我当时非常非常兴奋。不是因为做这一场讲座，而是因为这是一个非常大且普遍的需求。

校友面向在校生做分享，是一个长期存在的需求，校园里举办那么多场讲座，就是一个例证。而大家如果可以直接通过微信群来做分享，那么讲座的组织将会变得非常高效。并且，大家除了分享内容之外，还能加好友、互动，这种体验甚至比线下要更方便。

更重要的，这种需求，不仅贸大有，其他学校包括清华、北大、人大等任何一所学校都有。

再往后想，一个在一定领域有经验的前辈，对渴求这部分经验的后辈做分享，将会是一件很大的事情。因为这是一个广泛而又普遍的需求，可以让我超越“母校”这个范围，实现更大的量级和突破。

这是我兴奋的原因。创业者的思维往往很容易被一些简单的想法点燃。不是因为现状，而是因为想象力！

想法很大，落地还是要一步步走。我在过往团队中找了最靠谱的人，一起来把这件事情一点点落地。

我们两个人当天讨论了一小时，先把名字确定下来，为“思享空间”：思考分享的空间。谐音“思想空间”，但“享”字显得更有格调。

于是我们开干了！

三、第一次微信群讲座

虽然思享空间的来源是那位校友推广自己新书的需求，但这位校友的执行力并不是那么强。为了尽快验证我的想法和需求，我直接通过贸大校友汇的在校生群，找了一位学霸，付费请对方来做一次考试周复习经验的分享。

能用小钱解决的事情，就不要浪费时间。很快我就跟这位超级学霸沟通上，对方了解完需要自己做的事情之后，爽快地答应了做这次分享。

我申请了一个公众号，为这次讲座精心打造了一个报名帖，并设置了一个微创新：通过设置公众号自动回复，让大家关注公众号之后，发送关键词消息，才能进群。

这一招，有效地让公众号的粉丝快速增长。我在贸大校友汇的 10 多个在校生求职群一发，就有 200 多个在校生报名。

思享空间的第一次分享，是由我、这位学霸，以及我后来很重要的一个合伙人三个人一起，在学校旁边同一个咖啡馆完成的。我们通过“图片 + 语音”的方式，高效地完成了内容分享，而后，再让学霸一个个回答学生提出的问题。整场讲座氛围很好，而且因为聊天记录有留存，很多当时没有来得及听的学员，通过回听的方式，也收获了学霸的考试周快速复习方法论。

一句话形容当时的成果：好评满满。

现在在微信群做分享，已经成为一个常规操作。但是在 2015 年的时候，这绝对是一个极其创新的方式。

第一次分享后，我开始按照每周一次的频率，持续地运营起来。

四、微信群分享 + 裂变式快速爆发

在嘉宾邀请这一端，我通过自己半年做校友汇累积的人脉，找来了很多有趣有料还免费的分享嘉宾。这些嘉宾分享的内容涵盖求职、创业、考研、出国、旅行、理财、考证等。

但人脉总有耗尽的一天。在邀请了 20 多位校友做分享之后，我慢慢发现人脉不够用了。

面对这种情况该怎么办？我停下脚步，开始思考自己每天在忙什么，未来应该怎么忙。

我想了想，做这个社群的第一目标，是增加思享空间公众号的粉丝量。

为了达成第一目标，我想了三个最主要的增长点：

- 第一是增加讲座的数量；
- 第二是增加单次讲座的影响范围；
- 第三是增加嘉宾的咖位和分享质量。

把这三个增长点厘清后，我开始制订策略，来分别实现这三个目标。

在增加讲座数量这块，一方面我需要嘉宾主动来找我，而不是我来找嘉宾。另一方面，我需要组建团队，把找到我的嘉宾，分小组完成后续的对接和讲座的执行。这个问题好解决，我通过在留大的在校生微信群，发布了一个兼职招聘的帖子，很快找到 40 多个有意愿来参与的在校生。

为了增加单次讲座的影响范围，我做了一个大胆的决定，而这个决定，不仅解决了第二个问题，还顺带解决了第一和第三个问题。

解决方案就是引入社交裂变机制。如果你要加入讲座主群，就需要为活动助力一次推广。

在引入这个社交裂变机制后，下一场讲座的报名帖瞬间爆了！

过往很多人参加活动，都是默默地点击进群。但对讲座报名设置以上要求后，每次有人报名，都会为活动带来一波这个人朋友圈的报名推广。平时可能一场讲座只有一两千的阅读量，但那一次讲座，有 2 万阅读量，将近 2000 人报名，单场活动涨粉 3000！

有了单次讲座的影响力，接下来每次我们搞讲座，都会吸引上千人报名！并吸引了好几个嘉宾主动联系我们。这个解决方案，不仅解决了报名的问题，还解决了嘉宾资源获取的问题。

思享空间的两端，就这样形成了闭环，顺畅地运行了起来！更多的嘉宾，带来更多的粉丝，而更多的粉丝，又成为我们吸引嘉宾合作的重要因素。

五、马不停蹄地超越竞争对手

我们开创了这个模式后，在微信上快速圈了一大拨粉丝。然而当大家反应过来之后，这个模式瞬间拥入了无数的竞争者。

因为这个模式没有任何壁垒，你能做的，大家都可以做，你所使用的功能，都是微信的自带功能。到 4 月，微信上涌出了 10 多个直接复制我们模式的平台。到 5 月，这个数字跃增到了 30 多。

模式没有版权。而且在中国，看到机会就抄袭是一件很常见的事情。在之前，我经历过竞争对手，所以对现在的状况，我也做好了充分的准备：在没有壁垒的情况下，只有自己舍命狂奔，不断累积品牌势能，累积更多的粉丝，吸收更多的嘉宾，才能把对手甩得远远的。

为了实现这个目标，思享空间的讲座频率，从最开始的一周一次，到 3 月的一周两次，再到 6 月增长为一天一次。

如何实现这么高频率的讲座？团队！

我们把讲座的步骤标准化、流程化，同时引进了 5 个小组，设置组长和

副组长，他们都是在校生。每次嘉宾谈定后，我们都会有一个 4~5 人的小组，用他们自己的微信来添加好友，拉群，并在活动现场设置主持人，用标准的话术来主持并维护好群内的氛围。科学的工作流程让我们在讲座数量变得如此密集之后，依然可以对讲座的品质、流程、内容有良好的把控。

就这样，到 6 月，我们累积了 40 万粉丝。我们作为创造了一个行业领域的先发者，又成为一直保持在这个领域第一的领跑者。

这次创业，我能够有这些思考、策略以及执行能力，都离不开我前面多次创业、团队管理、竞争的经历。如果没有前面那么多次经验，我想即使我是第一个做的，也会在竞争中被对手反超，失去第一名的位置。

六、融资与离职创业

2015 年 8 月，我与一位校友聊起我现在创业做的事情。对方看我有成熟的团队和模式，以及过去几个月所累积的品牌和粉丝，再加上对我做贸大校友汇的认可，在 20 分钟后，当即决定给我 100 万的投资！

这真的是一个只聊了 20 分钟就获得投资的故事。

其实当时我还是兼职做着思享空间，当拿到投资时，我感觉：时机到了。

我立刻和团队分享了获得投资的喜讯，当时的几名核心成员都还有工作或在读书。但面对人生难得的一次机遇，以及一笔可以让我们不断尝试的启动资金时，大家都下定决心：全身心投入来干！

就这样，我在拿到投资款项后跟单位的领导提了离职，告别了我工作了三年、在我创业不断被社会毒打后给我提供避风港的单位。

几周后，核心团队小伙伴纷纷到位，我们在北四环租了一间民宅。

2015 年 9 月，我的第十一次创业——轻课，正式启动。

第十次创业起源于微信生态，在一年多的时间里，我创建了贸大校友汇与思享空间。虽然没有获得变现，但这两件事，让我真正把一件事情做大起来。

第十次创业中，我收获了影响力，也获得了资本的认可，让我有大量的时间和资金去不断试错，让白手起家、没有任何背景的我，顺利进入十年北漂的新阶段：全职创业。

A past Dot has been connected.

第二部分

SECOND

从轻课到星辰教育的三级跳

本书第二部分，起源于我这次创业从一开始就坚持到现在的一个“小习惯”：每周写一篇周报（后来改成每月写一篇月报）。这部分内容有对团队和业务的思考，有对方法论的总结，主要发给全体小伙伴。

在以下的内容里，我加上了对当时背景的注解和评论，希望这能让你更好地感受我真实的创业历程。

接下来，我们从第一篇周报开始。

从0到1，实现盈利：轻课

2015年12月15日，“轻课”产品正式上线，我正式开始了第11次创业。这也是我迄今为止，最成功的一次创业。在2016年到2017年期间，轻课从最初不到十人的小团队发展成近百人的大团队，并获得了天使轮、Pre-A、A轮累计近5000万元融资，公司全面实现盈利。

第一次给员工打鸡血

2015年1月1日，我创立了思享空间。

2015年8月，我拿到种子投资，从体制内辞职，开始创业。

2015年12月15日，思享空间推出“轻课”，产品正式上线。

2016年1月，我们团队终于补齐了一直以来的短板——技术。一位来自硅谷的技术负责人加入轻课，同时我们招募了一个技术团队，包括前端、后端等。因为技术团队的薪资不低，哪怕当时团队仅有10个人，我也感受到了一定的压力。

但当时公司的弹药还比较充足。产品刚上线，我们开始热火朝天地做活动，忙得不亦乐乎。

当时周报机制刚刚开启，我们团队成员每周写一篇周报，我会每一篇都浏览并评论，了解大家的思想动态。而我也会写一篇发给公司全员，把我的思考传递给团队每一位小伙伴，做到内部团队的高效、平等沟通。

以下这篇周报是我在北四环的一个四居室民宅里，浏览完大家的周报后，写下的。

本周我们加入了很多新的小伙伴，职责分工框架大致落定，新的内部沟通方案也开始上线执行。这算是轻课团队正式版运行的第一周。

我刚刚看完本周的周报，非常开心地看到大家能够在本周结束前完成这项任务，也希望这件事情能成为团队出色的沟通机制，延续下去。大家的周报内容不一，有简单的，有详细的，但都没关系，我更希望在周报中看到大家最真实的想法。写周报就像是一场自己与自己的对话——在沉思的状态下、在放松的状态下，问问自己这周做了什么，有什么感触，有什么反思，有什么心结（以后的周报，我一般不会公布，大家可以放心地写）。但是，大家写在周报里头的东西，我会尽量一个个跟进。

另外，来给大家说说团队。

在我所主导过的团队中，我希望每个人都出于对这个团队的热爱而加入进来。不管你们之前是什么原因，或是什么机缘加入；不管你们之前在什么样的公司待过。我希望在这里，你们是被自己驱动的，让我看到你的内驱动力，让每个人看到每个人的内驱动力。这个十分重要，未来各项制度也会按照这个原则来制定，任务导向，而非工时导向。我们为你打造最舒适的工作习惯，希望每个人都能自我驱动，为我们的共同目标而努力。

至于待遇方面，我会尽我所能给大家不低于市场的待遇。之后随着大家能力慢慢提升，我们的薪酬也会上涨，因此大家现在的待遇只是起点。作为效果完全由市场说话的创业公司来说，我坚信，养两个不厉害的人，不如给一个厉害的人两倍工资。另外，我跟大家宣布个消息，本周我们刚刚完成一小轮融资，与之前一轮融资相加，我们的初始资金大概在 250 万元。所以大家只需要负责变得更厉害，我负责给大家涨工资。

接下来跟大家说一些真心话。

“Connect The Dots.”（把那些点连接起来。）

在乔布斯一次经典演讲中有一段让人印象深刻的话，在此与大家分享：

Again, you can't connect the dots looking forward; you can only connect them looking backwards. So you have to trust that the dots will somehow connect in your future. You have to trust in something — your gut, destiny, life, karma, whatever. Because believing that the dots will connect down the road, will give you the confidence to follow your heart, even when it leads you off the well-worn path. And that will make all the difference.

再次说明的是，你在向未来展望的时候不可能将这些点联系起来，而只可能在回顾过去的时候这么做。所以你必须相信这些点会在你未来的某一天串联在一起。你必须相信某样东西，无论是你的勇气、命运、生命还是因缘。因为如果你相信一路上的这些点会串联起来，你将会有信心追随自己的内心而前进，哪怕由此走上不同于常人的道路也无所畏惧。而这将会让一切都变得不同。

每个人都是这样，不断地去创造、发现、连接各个小片段。你不知道在什么时候，你现在所做的事情，也许就为你铺垫了下一份工作、下一份事业、下一个惊喜。

希望每个人都怀着敬畏之心，来完成每件小事，来跟团队每个人、每个合作伙伴、每个用户沟通。

最后，以我自己来说，我坚信一点：一个好 leader，是能够让你吃到肉的 leader。

我会竭尽所能。

下周团队工作重心及目标：

1. 下一轮融资接洽沟通。

2. 各部门明确职责、KPI、每周计划。

3. 团队继续上轨道，上轨道，上轨道！！！

2016 年第 3 周

北京 · 北四环某民宅

初创公司面临的问题

在周报里，我会询问小伙伴们对公司的建议、自己的感受和对业务的想法等。通过这样的方式，能让大家的参与和思考更深刻，能够一起参与到公司的发展中。

创过业的小伙伴应该懂，小公司是非常难招人的。其实这很好理解，刚创立的团队，在民宅办公，没有任何名气和背景，也没有职业发展，福利待遇也不好，随时可能关掉，我为什么过去？

还记得，我在民宅面试时，当时来了一个京东的工程师，在我们门口，犹豫了很久要不要进来，一脸嫌弃的表情。

为了招人，我作为面试官，跟每个人面试完之后，觉得对方不错，都会跟对方聊很久，来说服对方相信我们，选择我们公司。

对于已经加入公司的小伙伴，我也需要不断给他们做思想建设的工作。同时，我还在通过周报的方式，把自己的学习方法分享给大家。我希望让大家觉得，在这里，既能参与公司的业务发展讨论，还能学到东西，从而避免员工流失。

上周，在把各部门职责都落定后，这几天是我们正式上轨道的第一周。

本次，大部分人的周报都写得非常走心，而且很多人也没有拘泥于自己的本职工作，都从公司产品、战略等其他层面给出了很多优秀的建议，包括对课程内容、推广方式、团队发展的建议。每次，我看到这些建议的时候，都感觉我们是一个想一起做点事的团队，而不是单单为了完成任务、做一天和尚撞一天钟的行尸走肉。打心底为你们鼓掌。

这个星期大家做出了很多努力，完成的任务一共有 163 条。虽然完成的任务条数不多，但是每一条小任务的完成都凝结着技术团队的汗水，以及每位在这一周的努力。

本周还有一个亮点，咱们团队张同学为大家做了一次别开生面的内部分享，给我们带来了非常新的思考！在这里给他 108 个赞！

这种学习机制我觉得蛮好，所以下周我们有两个内部学习，分别是立人的“插座学院迎新大课”案例分析及王震同学的“Hive 屎上最香招聘活动”案例分析。以后我们也会让团队每个人轮着分享。

在这里，我建议每个分享人都可以在准备过程中与大家充分沟通，就比如王震同学主动与 Hive 团队的活动负责人联系见面，并提前跟大家征集问题。我觉得这样做很棒。在自己学习成长的同时，也让大家都积极参与，完成一次团队的学习。

我们下一轮融资目前正在稳步推进。

对于团队来说，工作职责已经在上周划分明确了。之后随着业务的发展及大家的进步，职责划分会有所调整。我看了下，我们做的事情是一条要实现闭环的事情，最终需要转化为收入的。在此期间，会涉及非常多的环节。每个环节虽然可以用一个词来概括，但在具体执行过程中，需要丰富到细枝末节，非常繁杂。

对于初创公司来说，我们面临着这样一个问题：

要做的事情很多且很细，需要更多人解决，但是人多又存在沟通和磨合的成本，所以对我们来说增加人员都需要慎重考虑。前期团队保持适度，宁缺毋滥比人浮于事要好。

那么当感觉每天工作真多、真烦时，怎么办？

我分享给大家一些我的思考。

一、与同行聊天，深入交谈

互联网是一个变化非常快的行业，三个月就是一年的周期。这让很多网上现成的信息并不适用（其他行业也有这样的趋势），特别是运营（在线教育公司就是强运营，所以我们的运营非常重要）。

我这几天在看周鸿祎的书时，就感觉有一些信息其实正在慢慢过时，或者已经成为大部分人的共识。那么，你用大部分人都知道的打法做开创性的事情，肯定没效果。

印象中我看过几篇帖子，说到了红杉资本全球执行合伙人沈南鹏和Keep的创始人王宁。对他们来说，最好的学习方式，就是找人聊天，找各种人聊天，碰撞、激发自己的想法和思考。

我觉得这种学习方式非常好。

对我们来说，如果你自己还不够厉害，或者所做的事情还没有头绪，那么就找到你朋友或者同行里顶尖的5%，跟他们聊天，深入聊。

能见面聊就不要电话聊，能电话聊就不要微信聊，能夜里聊就不要白天聊！相信每次聊完，你们一定能学到非常非常多的东西！

所以，请大家主动起来、积极起来、放下面子。工作之余，大家可以逮住一切机会去找厉害的人聊天。

你还年轻，你还在成长，千万不要觉得自己多厉害，碰到厉害的人就赶紧积极地约见吧！

二、建立数据化及模型化的思考方式，找到做事的脉络

这是跟喜马拉雅 CEO 余建军，洪泰基金王胜江、秋叶老师及厦门的一位“95 后”CEO 聊天的启发。

我觉得，当我们把所做的事情简化、简化再简化，其实都可以用一个逻辑或者一个模型来描述，并通过数据来评判。

譬如说，公司所做的事情，就是在三张表上填写数字，三张表即资产负债表、盈利表、现金流量表。

再简单一些，就是造产品、卖产品（产品可以是实物，也可以是服务）。

对于有闭环的 To C（To Consumer，即面向消费者）互联网公司来说，不外乎就是这个公式（以下大家请看三遍！）：PRAPA，即 Promotion（曝光量）、Register（注册）、Active（活跃）、Pay（付费）、ARPU（Average Return Per User，单个付费用户消费数字）。所有的产品、运营、市场逻辑都是基于上面的公式。

对于单篇微信推文的阅读量来说，两个指标包括打开率和分享率。标题和配图决定打开率，正文决定分享率。再周全一些，可以加一个用户人群基数作为上限。

对于评价一门课是否优质，包括课程完成率和课程分享率两个指标。课程完成率可以通过用户跳出数据来体现，或者课程收听完的用户比率。课程分享率可以通过用户主动产出内容或动作，包括完成作业、朋友圈转发、口碑传播等角度来观察。

所以，我希望各位在各自的具体工作中，能慢慢总结并建立数据化、模型化的思考方式，找到做事的脉络。

每个人的时间都是有限且宝贵的。如何在有限的时间创造更大的价值，这个不能靠瞎忙，而是要靠脑子！

最后三句话：

1. 市场上不缺钱，凶猛彪悍的优质团队才是最稀缺的资源。

2. 一个人牛不算什么，重要的是一群人在一起，通过做一件实际的事情变得牛。这才是王道，也是我希望这个团队能给大家带来除工资外比较实在的东西。

3. 下周咱们继续努力，加油！

下周团队工作重心及目标：

1. 招人。

2. 产品开发进度推进。

3. 各部门理顺半年规划，以及近一个月主要工作，继续上轨道。

2016 年第 4 周

北京 · 北四环某民宅

价值观 1.0：“用户思维”和“极致执行”

现在大部分优秀的公司创始人都开始重视价值观的重要性。在开始创业时，我并不知道什么是使命、愿景、价值观等，也不知道怎么来做价值观的建设。

当时，我写下了一篇这样的周报，来描述自己理想中的团队气质。现在来看，这就是我们价值观的一个雏形，包括了轻课最开始的价值观，即“用户思维、极致执行”八个字。这篇周报也对这八个字进行了详细的阐述。

在*2020*年，我们团队的价值观有了一个很大的升级，从八个字变成二十个字，并且都有具体的描述、评分及价值观故事。但“用户思维”和“极致执行”这八个字一直贯穿了我的整个创业经历。

年后第一周上班，大家有没有感觉到不太一样？此刻的我正在从上海返回北京的飞机上，刚刚忙碌完读书计划的准备工作。此次上海之行已经基本敲定了下一轮融资事宜，回京后我们要继续扩充人员，加大马力开干！

去年3月，我们刚开始做思享空间的时候，是5个人的团队。去年12月初，我们还是5个人的团队。但在两个月之后，我们人数上就扩张了一倍多，成为拥有13名全职、2名实习生和几十名兼职的团队。这不仅仅是人数上的变化。在这两个月期间，我们更是完成了从一个公众号团队到完整产品团队的蜕变，并且明确了未来的发展方向及运营计划。相信团队的小伙伴在这点上都有共鸣。

正如我在本周全体例会上所言，我们是幸运的，因为我们是一个在全新领域摸爬滚打的团队。我们正把握着千古绝佳的机遇，做着前无古人的事情。微信已经为我们搭建好零成本触及用户的基础设施；在轻课上线前，思享空间过去一年的积累让我们在这个领域有充分的优势；在外部，还有许多的投资人愿意给我们机会尝试……这是绝佳的机会！

但我们也需要充分认识到，我们现在距离半年目标的差距。

公司脱离安逸，在激烈的竞争环境中运行了一段时间。我有一个深刻的感受就是，我们看到的所有表象、所有事情，背后都是人，都是团队在支撑。

是的，团队，我们！

那么今天，我就跟各位来谈谈咱们自己——团队。

在1月初的时候，我就经常思考，我们团队是一个什么样导向的团队？我不想随便从一些地方摘录不错的词语，比如，创新、积极、勇敢、挑战之类的，太牵强，挂在公司墙上感觉跟没挂一样。经过两个月与大家的碰撞以及自己的思考，我觉得可以用两个词来总结成我所期望的团队气质：“用户思维”和“极致执行”。

相信“用户思维”这个词，我已经在很多会议场合中都跟大家提到过。这个思路的重要性，我相信大家也都逐步认识到。我希望这个词成为咱们团队所有人的思维模式，不论是产品、技术、运营还是其他团队。

用户思维

用户思维是什么？

举个相反的例子。我以前在一些大公司的时候，经常要办各种手续，譬如，出差审批需要通过一个系统，我需要把姓名、部门、工号等信息都填写一遍，然后提交给行政部。然后，出差报销又是一个系统，需要填写各种单子，把姓名、部门、工号等信息又填写一遍，交给财务部。这种模式其实是一个主体思维，也就是行政部不管使用者体验怎么样，信息都得在行政部填写全，行政部不能出岔子不愿担责任。到了财务部这边，财务部也不管使用者之前填写了什么单了，反正财务部这儿得填写全了，可不能出什么岔子。最后结果就是，我们作为用户，体验效果很差。

作为互联网团队，我们则需要事事站在用户的角度考虑，我们做这件事是否能够符合用户的需求，是否真正能够帮助用户。在用户体验完我们所有的流程之后，是怎样一种心理状态，是不是一次很棒的产品体验，愿不愿意帮我们说话，帮我们传播，用付费的举动来证明我们的价值。

用户思维需要我们每个人在心里建立一个模型：“假如我是用户会怎么想？”“多少百分比的用户会这么做？”也就是我们自己作为用户来感知用户感。互联网大佬的用户感都是非常强的，因为他们都是经过几年甚至十几年的打磨。在他们每个人心里都已经形成了非常接近大众的用户感，所以他们能够做出更为精准的判断。而对我们来说，每天的工作，也是一个不断培养自己用户感和用户思维的过程。

在这里我给大家三个建议。

一、与用户聊天。通过与一定样本数量的用户深入接触，来培养自己的用户感。目前，我们这一点做得还不够好，为什么？没有时间。为什么没有时间？创业公司都很忙。怎么才能有时间？还能怎么办？与用户交流不一定要等到我们专门来安排一个晚上，大家集体来做客服，这个想法如果能实现当然很好，但不够现实。所以，在这里，我建议各位用任何可能的机会，来跟用户聊天。也许是你在做一次线上微课的时候，发现一个用户在群里特别不一样，你就可以上前跟他聊一聊；也许是你在面试的时候，发现对方属于自己的用户群，你除了判断对方是否适合职位之外，也问问对方对我们这一款产品的建议或体验等。这种用户感知能力，不仅仅是在轻课团队，在任何一家市场化的公司，都是一项非常重要的技能。

二、靠数据说话。我们有 10 万名用户，是不可能与每一个用户都来一次深度交流的，所以在最终判断一件事情成功与否的时候，我们都是靠数据说话。我印象最深刻的一次，是在跟一个其他团队的 CEO 聊天的时候，对方说，这次微课他们做了一种新的报名方式尝试，最后有通过传统渠道和新渠道进群的。为了判断新渠道进群用户的活跃度，他们团队分析了全部微信群里每个用户发言的次数，一个一个用户去记录，一条一条发言来数。最后发现，通过新渠道进入的用户，比传统渠道的用户发言次数多 80%！当时听到他说这个的时候，我就震惊了！！！原来还可以这么做！！！所以，我希望对于精力和时间有限的我们，一定要多把时间放在重要而不是紧急的事情上，很多事情往往背后都隐藏着许多逻辑，对这些逻辑的挖掘和思考，比像一只无头苍蝇那样忙碌要更重要。

三、敬畏我们的竞争对手。在这条赛道上，有不少跟我们处于或者即将处于同一赛道的其他团队。他们当中有很多极具用户思维，极其能够把握用户心理，极其能够调动行为的大神或者牛人。他们对于用户的思考，他们对外做的各种举动，其实是我们快速学习的非常好的途径。所以，公司走得越远，竞争对手也更上一个段位，敬畏他们，成就自己。

极致执行

如果说用户思维是我们怎么去思考，那么极致执行则是我们怎么去做。极致执行可以用两句话来形容。

一、快速从 0 做到 80 分。完成比完美更重要，不要一上来就想憋个大招。互联网需要的是 MVP 思维（MVP 即“Minimum Viable Product”，最小可行产品），需要的是快速试错、快速调整。所以，一开始，只要能做到市场平均值，就很好了。

二、做到 80 分后，不断精进、不断探索，一直逼近 100 分。达到 80 分之后，不能满足于此。这是一个态度问题。而我觉得既然年轻，就应该有态度。我一直信奉一句话：当一件事情做到极致，就成了艺术。

在互联网及社交红利的时代下，好与坏不是 90 分与 70 分的差别，而是相差几个数量级的结果。一个领域不是几个巨头和一堆小巨头，而是一个市场占有率 90% 的巨头和一堆加起来才 10% 占有的小公司。所以在这里，在互联网公司里，我们需要快速试错、快速验证模式，并在验证模式后，不断精益求精，把事情做到极致。

最后，看看各个领域的优秀公司，海飞丝、飘柔、潘婷等铺天盖地的广告背后，是宝洁公司作为市场部黄埔军校的存在；BAT 三大巨头在技术、运营、产品上得名，也是这三家公司在各自领域逐渐形成的独特团队风格，也造就了每一个进入这些公司的人。作为轻课最初的一批成员，我们在这几个月形成的团队风气，也将决定这个团队以及我们所有人的未来。愿你我共勉，不求安稳平静，但求轰轰烈烈。

附言：这几天经常回顾这一年，我很庆幸在很多关键节点，我们坚强地走了过来，做了在现在看来是非常正确的选择，希望一路继续幸运相伴！

2016 年第 8 周

从上海回北京的飞机上

在线教育：内容做轻、运营做重

作为一家在线课程的平台，内容、运营究竟应该怎么做，这点在 *2016* 年年初的时候，是很多家公司都在探讨的话题，也有很多人没想通。

站在 *2020* 年来说，内容、运营，都应该做重。现在的教育巨头，在这两端，都砸了相当多的钱。

我在跟一个重内容轻运营的在线教育网站创始人聊完后，写下这篇周报。当时他准备关停公司，主要问题就是资金链快断裂，很难维持下去。

创业维艰。

本周周报我跟大家谈两件事。

一、对我们产品和方向的思考，“轻课”产品的轻与重

不得不说，跟人聊天是一个很好的逼迫自我成长的方式。最近我跟投资人、同行、用户聊天多了，自己也捋顺自己的思路，趁着这次机会做一个小总结。

一句话，轻课要在内容端做轻，在运营端做重。同时，我对轻课的定义不仅仅是一个页面那么简单，轻课的运营要产品化。运营产品化！运营产品化！运营产品化！重要的事情说三遍！

接下来，为什么内容端要做轻？现在不都内容为王吗？做轻是什么意思？

我认识一个团队，网站具体名字就不说了，Slogan 叫“最靠谱的互联网从业者在线学习社区”。这个团队拿了几百万的天使融资，开辟讲师团队、技术团队、内容编辑团队以及运营团队，最后辛辛苦苦开发平台和课程，同时有一个有 80 多万粉丝的互联网大号来转发推流量，但是转化率特别特别低。前不久，对方找到我希望双方可以合并。我一开始还蛮诧异的，然后提出了比较保守的方案，双方从合作开始接触，再探寻进一步可能。

在接触了对方团队之后，我惊讶地发现，对方只有……一位运营。

跟这位运营聊天的时候，他也是叫苦不迭，并且颇有自己难以扭转局面的感叹，为啥？基因不对！

在我自己听一门他们的课程时，对方是一个已经失败的在线教育项目的 CEO，他在感叹自己以往创业项目的时候，说了一句让我印象深刻的话：

“当初我们在清华做慕课的时候，我就一宿一宿睡不着觉。我脑子里一直有一件事儿说服不了自己，你拍的课程你自己都不看，你还能相信别人看，这不很扯的一件事儿吗？”

大家有机会可以去听一听，那门课的名字是“关于在线教育这件事”，主讲人是前立课教育 CEO。上面这句话是不是很有道理？假设在一个周末慵懒的下午（大部分人都是慵懒的），你电脑里头一个文件是 1080P 高分电影，另一个文件是文案视频教学课程，你会点开哪个？是不是很矛盾？

所以，对我们而言，在前期资源、人手极其有限的情况下，内容端就要做轻。一方面，入口做好移动端的阵地，直接通过微信服务号进入，随时随地都能开始学习，而不需要PC端一样要求自己进入学习的状态。另一方面，通过设立一系列的体系，包括事前的各种压力体系以及事后的定量筛选体系，来最低成本地获取和筛选优质内容。

内容端重要，但我们有更聪明的办法来搞定内容，这里一定要做轻！

接下来，运营端做重！

学习是人的天性，但是教育反天性。那么，传统的线下教育就是用非标准化的老师。作为运营人员，要去满足非标准化的用户需求。但有了互联网技术，我们可以逐步在运营上标准化。从以往我们组织讲座和拉微信群的痛苦过程，过渡到这次红包卡和百日读书计划的 Cici 客服消息，就是一次非常好的标准化运营。

做重不意味着人海战术。相反，我们是需要通过很多的运营人员，来精准地探寻人性，精确地感知大众的情绪（想起了《乌合之众》，大家也多去看看）。然后，我们需要逐步把经验都标准化，由人工操作，变成后台自动执行，逐步把 Cici 的号，做成每个年轻人的成长陪伴小助手。

如何精准、巧妙地感知到用户在不同阶段的状态，以及他们的需求，需要我们很多人力和精力去完成。但是一旦我们能够形成一整套的体系，便意味着我们能够建立自己的一整套运营模型，这将成为我们最独特的核心竞争力。同时，用户能够感知到他的提升和变化，也就意味着大批量付费的可能。

所以，也许只有 2% 的用户，会花钱买你的内容，但更多的也许有 50% 的用户，会花钱买你的服务。

也就是让我们的用户，在购买了我们的轻课后，会感觉学习是一件更“轻松”的事情。

运营端做重，之后便是运营产品化，即把在线学习的过程变成一个体系化的产品。这才是我们真正的轻课产品。

把这个问题搞定，我们能解决在线教育行业的一个大问题，真正在在线教育这个领域掀起新的浪潮！

二、对我们团队的期待和改变，“激励”制度的成形

都说创业团队每个人都是多线程工作的高手，大家最近应该都很有感触吧，特别是内容和运营的小伙伴。

之后大家会越来越忙，所以，我们会拿出除工资之外，一定比例的费用来犒劳大家。

最近我们团队在有计划地扩张中，之后会有更多的小伙伴加入。对于运营线（市场、课程、业务拓展）部门，我们将会形成以“项目组”为单位的战斗单元，包括推广项目组、运营项目组、内容项目组等。我们将对特定的项目组，采用 KPI 提成模式，给予项目组成员对应的激励。

同时，对其他岗位如技术、产品、综合等，我们会按季度对岗位成员进行一次全方位的定性评价，给予相应的激励。

另外，我们的期权池也将在下一轮融资后设立，届时希望大家会更有动力。情怀和成长是一方面，待遇也是很重要的一方面。

公司如果实现盈利，还会有更为宽松的待遇政策。这个社会总会给拓荒者和挑战者极为诱人的回报的。

大家最近聚会玩得很嗨。看大家聚会开心，我也很开心。抛开所有这一切，咱们在一起做事也是缘分，索性就干得漂亮些吧！

2016 年第 9 周

北京 · 北四环某民宅

不甘于当炮灰："想透"和"做绝"

团队人数越来越多，我感受到了团队不好的风气慢慢显露出来：有些团队领导，逐渐有了领导架子，同时有些人也以工作忙为由，不完成周报。

为了把团队风气扭转过来，这篇周报对上述行为进行了不点名的批评。

同时，我也分享了我对于一个人如何在社会上混得好的一些思考，概括起来就是"想透"和"做绝"。

分享，源于自身经历和感悟本身，我爱总结、归纳、演绎。这个习惯现在来看，还是比较认同的，也推荐大家平时多多养成。

本周大部分人都按时完成了周报，在此再次强调我们的相关制度，请大家务必遵守。如果有特殊情况，请事先说明原因。**否则包括我在内，不论职位资历，一律按照规章制度处理。**

我是去年 8 月在一个福利特别好的国有银行总行提的离职，9 月正式出来，到现在已经有大半年。在这半年期间，我也尝遍了社会与创业的各种酸甜苦辣、人情冷暖。这次就跟大家说说一些实诚点的心里话吧。

本次的主题简单直白：**如何才能在这个社会上混得好，不管是个人还是公司?**

面试的时候，对于外地来北京的，我都会问一句：为什么想到北京来？一般都会回答：资源多，机会多，成长快，想来大城市闯一闯。相信我们团队大部分人都是这样吧，或者父辈也是出于这个目的来的。

既然选择了大城市，便选择了人生的困难模式。年轻人有冲劲是好的，但大部分都成了分母和炮灰。我自己也经常琢磨原因，**一在于没有想透，二在于没有做绝。**

首先，你要想“透”

从你的身边说起，怎么样搞定你身边的所有人？（对公司来说，英文有一个词叫 stakeholder，即利益相关方，要想如何搞定他们。）

这个话题可以说一堆，但总结到最后其实就三个字：抓需求。人只要存在于这花花绿绿的世界中，就会有形形色色的需求。

作为一个个体，在职场上跟上司、同事、下属打交道的时候，如果你能更好地领会对方的需求，就能更好地出活儿。大家觉得你是一个有感知力的人。

作为一个商务拓展，在跟各类找来的或者你主动去找的合作伙伴谈判的时候，如果你很好地明白对方想要的和对方能给的，并采取不同的应对策略，那么对方会觉得你是一个合作起来很轻松的合作伙伴，哪怕最后没有合作也会心里很舒服。

作为一个项目经理，需要想如何能够通过更少的资源，来做更大量级、更高黏度的社群。如果你能够抓住对方的各种需求（我们目前通过表单进行了收集），并且能够用很好的方式来组织、调动所有人的积极性，那么一个项目经理能够撬动的不仅仅是几千人。

作为一家公司，你能不能准确把握用户的需求，并且结合他们的需求来提供对应的解决方案，并且让他们心甘情愿掏钱还帮你做广告，这才是一家公司能够存在、存活的逻辑。

所以，领会对方的意思，也就是抓需求，往往是搞定所有事情的关键，这也是为什么我们要站在用户的角度来考虑所有事情！

其次，你要做“绝”

做绝有两个字，一个是“做”，一个是“绝”。

“做”这个字看似简单，但这个字就可以筛掉一部分人，眼高手低、想得太多而做得太少的这部分人。

很多新人在碰到事儿的时候，都会有这些想法：

这件事情跟我无关，不是我的职责；

这件事情太琐碎，找其他人来做吧；

这件事情没价值，我只做有价值含量的事。

我在以前做平面、做视频接活儿的时候，有一次跟一个学弟一块儿聊天。他问我，你最近接活儿挣钱怎么样。我说还不错，一个月能有不少大单。他说，要也有这么大的单子给我，我也愿意做。我说，你有没有做过单子？他说还没，单子太小了，做得没意思啊。

呵呵。

在读书活动的8000份问卷中，想去创业的人的比例，居然比求职、留学、考研的总和还高。这着实让我惊讶，不过想一想其实也有道理：很多人都想做一个家企业，但没几个人愿意做一个企业家。

这一点，对每个人来说也都一样，事情其实不难，但我们往往会有各种“但是”“如果”和“明天再说”。“天下事有难易乎，为之，则难者亦易已。”这点道理古人也早已琢磨透彻。

开始做了之后，下一个字就是“绝”。

互联网为什么有那么多人投资？因为在传统行业，你把一件事情做得好，它的增长是线性的，你需要10年、20年甚至100年才能建立一家知名的企业。你需要把这件事情坚持下去做得非常非常好，再加上运气和机遇，才可能成为一家垄断的企业。

但是互联网的出现改变了这个规律。你可能只要在对的时机把一件对的事情做好、做绝，指数级的增长让你坚持做好两年就能成为市场第一名，坚持做好五年就是一家上市公司。

罗胖的内容有人说是真理，有人说是鸡汤。但我觉得不管内容怎么样，每天坚持学习总结，每天坚持 60 秒语音输出，每周坚持至少 40 分钟的视频输出，把知识消化这件事情做绝，就超过了市面上 99% 的公司。我所认识的一些“90 后”的年轻人，也有一些录制自媒体视频的，在这点上的坚持就不如人家。

其实说起来，我特别感谢大一的时候进入的第一个学生组织，叫校志愿服务中心。当时我还是一个急性子，是个做事特别大条的人。当时因为做一些宣传资料，直接对接中心的秘书长（老大），他就在我电脑旁一句一句跟我说怎么修改，为什么要修改。当时他在我电脑上戳屏幕的时候，我心里有十万个不乐意，一直在想：改、改、改，有什么好改的啊！但最后作品拿出来跟之前的版本对比的时候，我还是觉得，嗯……的确好了不少。像这样被带得多了后，追求完美就自然而然形成了习惯，我非常受用。

所以，把做绝这件事情落实到各位小伙伴的具体执行层面，比如，一次刷群，一次活动策划，一次帖子的编辑推送，或者一次线下活动，你能否做好？还有没有提升的空间？这一点我自己每天都在坚持，也希望各位小伙伴能够在这里养成习惯，你们今后肯定也受用。

大家可能看出来了，今天跟大家说的两点，也正是在几周前的周报里，跟大家说的“用户思维”和“极致执行”。我觉得这两点，在团队里怎么强调也不为过。

在这里，对团队的不同人提一些不同的要求。

1. 对全体小伙伴：如果你认同我们，那么非常欢迎你，我也会尽全力让你在这里能够有很多学习和成长的空间，也会竭尽所能让你在这里获得你想要的，钱也好，成长也好。如果你不认同，那么好聚好散，加入一家公司、一个团队是双向的选择，最好不要勉强和凑合。

2. 对我，以及部门负责人：创业即修行。一个团队的风气是团队老大决定的，影响因素不仅仅包括言传，更有身教。所以，如果你希望你的下属做到某件事，那么你要首先做到表率，而且要做得更好。你对自己要求高，你才有资格对其他人要求那么高。

So, do not act like a BOSS. Act like a LEADER!!!

2016 年第 12 周

北京 · 北四环某民宅

第一次搬家：纵社会无情，愿团队有爱

写下这篇周报时，我们做了公司成立以来，规模最大的一次涨粉活动，单天涨粉超过 1.5 万。活动效果也非常非常好，收获了学员的一致好评。在带领团队打了一个大胜仗之后，我怀着激动的心情写下了这篇周报。

同时，我和当时的合伙人开会，有合伙人提出，我们继续在民宅，不利于我们的长期发展，建议我们搬到写字楼里。我虽然感觉到成本压力，但是觉得，如果有更好的条件，大家工作也会更开心，招的人也会更优秀，所以咬咬牙，决定搬过去。

从这篇周报开始，我们搬到了一栋更好的写字楼——紫光发展大厦。

周末两天，我和小伙伴们一起把我们成立以来最为火爆的活动“口语集训营”的运营材料都准备好了。在开始写周报的时候，口语营的开营仪式刚刚结束，我现在仍然处于兴奋状态当中。

虽说这一次我们的效果非常棒，但还是有一两个地方我们可以做得更好，也有一些准备匆忙的状况发生。所以，现在脑海中能想象出来的几个关键词就是：

用户用户用户用户

细节细节细节细节

多准备多准备多准备

所有的细节、所有的环节如果都做好，发挥乘数效应，最后产生的效果将会无法想象！

从我们口语活动结束到现在，不到 3 个小时，我们的口语微信群新增了 60000 多条消息，几乎所有人都在后台回复了语音，生成了承诺书。轻课小王子的朋友圈已经被各种我们的二维码刷屏，仅仅 3 小时我们的公众号就涨了 15000 多位真实活跃的粉丝。

在这里，向这几位团队小伙伴点个赞！

跟大家分享一下本周看到的一篇文章，标题是**《仅 180 人的“屌丝公司”为什么做到年收 150 亿》**。百度搜索就能搜到对应的文章，大家可以自行搜索浏览。

这篇文章的主角，Supercell 公司，玩法非常不一样。

对人、对团队、对公司来说，最悲剧的事情不是不努力，而是勤奋了、努力了、拚命了，但都是在做无用功。所以我觉得，做事情一定不要做成“自嗨”的事情，也不要轻易地陷入自我陶醉的状态中。我非常理解，一些项目负责人对于自己项目的时间投入，很多时候都会转化成一种情感，觉得这个项目就像自己的孩子一样，舍不得放弃。这一点我感同身受，但社会无情。我的努力，我们的努力，在很多人眼里都不值一提。

但这些努力可以内化成我们的思维模式、做事方法，抬升我们下一次做事情的高度，成为日后爆发的重要积累。时间、精力有限的我们，要分得清什么是沉没成本，什么是机会成本。

一句话，**要敢于取舍。**

我从小就没有什么零花钱，被穷养长大。在花钱这件事情上，我一直比较谨慎。我们现在的办公成本非常低，可以减少非常多的公司开支，我一直还比较开心。

现在人多了，部门也多了，公司也越来越像个公司了，有合伙人建议我们换个更好的办公位置，我一开始其实不太愿意。

但后来，我想通了。如果我们多花一些钱，能够给所有团队成员创造更好的办公条件，能够提升工作效率，提升工作的积极性，让所有人都能够身处愉悦的环境，让每个人在上班的路上都更开心一些，那么这个钱花得值。

因为比钱更重要的，是我们所有人的时光和青春。

应该每个人都想，让每天都过得有价值，每次付出都有意义，每个尝试都有结果吧。

今天下午，我去了趟还在装修中的办公室，又提了一些美化的需求，预计下周末就能完工。欢迎大家一起过来搬家。

最后，用一句话来作为结尾：

纵社会无情，愿团队有爱。

2016 年第 14 周

北京 · 紫光发展大厦

平台还是垂类，创业者如何选择

我相信，任何创业者都会存在一个想法，想做一个“平台”，我也不例外。在轻课刚上线的时候，我非常想做一个平台，一方面是优质的课程和内容提供者，另一方面是爱听课、爱学习的学员们。这个想法对标起来，就是做教育界的“淘宝”，也想有朝一日，像一个上帝一样，来控制这个平台的政策和流量，自己就不用那么累。

这种想法不能说不对，只能说，为什么是你？

到 2020 年，在线教育行业已经基本形成定局。现在的格局是教育界的“淘宝”只是一厢情愿，没有任何一家公司是靠做教育“平台”做大的，不管是 K12、启蒙教育还是成人教育。最大的公司，都是一个个“垂类”品牌，管控着所有的获客、转化、内容及服务，就如 A 轮融资 5000 万美元的跟谁学，也从平台转做了自营品牌“高途课堂”和“跟谁学好课”。

本期周报，我跟大家再说一些心里话，聊聊过去这一年，我们一路走来踩过的西瓜皮、碰过的壁，我自己对于成长的反思和饥饿感。

自从创业以来，我每天都是战战兢兢，如履薄冰，不敢有一口气的松懈。尤其是，近期我们扩张，团队的人越多，自己也会压力越大。因为可能每个决定、每个作为与不作为，都会影响更多的人。

听到一句话：“不要以战术上的勤奋，来掩盖战略上的懒惰。”

其实，战略上的懒惰不能被称为懒惰，特别是对于我这样的失眠者。每天忙忙碌碌地度过，睡前基本上都会有一两个小时来反思，干的事情是不是在一个正确的方向。所以，如果要准确定义“懒惰”的话，更多在于自己还没有足够的见识以及没有犯足够的错。

平台和垂类

自从淘宝、天猫、百度等企业做起来之后，便有无数的创业者都希望能够做平台。细想一下，做平台真的很爽。我做个平台，一方有供给、一方有需求，然后我在中间抽佣金，做广告收益，躺着挣钱，这该是多么爽的事情呀。

在思享空间去年最火的时候，我们也有过那么大的雄心，希望能够做一个微信群讲座平台，旗下设立多个子频道。通过邀请有能力的人，以一种类似“内部创业”的方式，来制定一系列的规则，让各个领域有能力的人来运营不同的频道。希望能打造一个内容产出矩阵，快速占领所有年轻人的需求。

后来发现，it doesn't work。

再到后来，我们基本放弃了子频道合伙人的计划。为什么？因为在我们自己还不能成为一个超级大号，拥有一个盈利的垂类作为“基地”的时候，过早地扩充，一方面不能吸引到足够优秀且有能力的人加入，另一方面，这将会导致我们本身精力分散。当我们一边做讲座一边做管理，将牵涉非常多的精力，会把我们自己耗死。

这是创业以来犯的一个错——“想做大平台”。

平台有非常高的估值，有上帝一般的视角，是游戏规则的“制定者”和“裁判员”。但到目前为止，该有的大平台，已经都基本建立。而细分领域的平台，一般来自两类，一是大玩家如BAT依靠流量和品牌的优势而创立，另外一类是细分领域的优秀玩家联合其他小玩家共同建立。除此以外，希望渺茫。

在意识到这个问题后，我便没有继续推进子频道合伙人的计划，开始带领团队探索细分领域的机会。

垂类的思维更加像“爆款思维”。讲几个例子，新东方之所以能够从众多培训机构中脱颖而出，有一件事情老俞做对了，就是“红宝书”。在还没有互联网的年代，红宝书就是英语培训领域的“爆款”，可批量复制，任何人只要出国，就会被人推荐红宝书。红宝书本身不挣钱或者挣非常少的钱，但是其宣传效果不可忽视，也是这样的“免费”+“付费”的策略，造就了新东方在出国语言培训领域的霸主地位。

另外一个例子，就是现在很多淘宝卖家在做的“9块9包邮”“1元秒杀”。很多人不懂，为什么有商家愿意做这样的亏本或者不赚钱买卖。其实，从商家的角度，通过免费吸引流量进来，1个免费的流量，可能会带来0.5个其他页面的浏览，带来0.04个其他商品的购买。所以，站在公司的视角，“爆款”是非常有价值的。

所以，对于精力和资源有限的我们而言，要把一个垂类做好、做透彻、做到极致。这也许会成为我们的“爆款”，成为我们壮大和赖以生存的根本。到时候再逐步拓开其他领域，会是一个更好的选择。

饥饿感

每个刚毕业的年轻人进入职场后，都会得到一份工作和薪水，并且如果幸运的话，会在公司碰到带你的导师。对于创业公司，也是这样。社会资本选择了我们，给我们投资，让我们有机会在这条赛道奔跑起来。所以，我希望每个人都能够保持一定的饥饿感。我可以毫不掩饰地说，我的工资在公司是最低的，其他几位主要创始人也一样。在一开始设定工资的时候，我就跟几个主创说，我们必须把这家公司做到盈利，才能把我们几个的工资抬上去。这就是我给自己的饥饿感。

我们最近的粉丝增长比较迅猛，我也希望大家能够清晰地认识到，虽然我们比很多的团队要走得更快更猛，但我们仅仅完成了商业本质的第一步。接下来，我们还需要去考虑如何转化的事情。只有完成了转化，才能真正形成我们的商业闭环。所以我希望每一轮融资，都是我们最后一轮融资。

我的成长，以及团队每个人的成长

在一开始准备创业的时候，有次听到其他 CEO 说，如果一个 CEO 没有为三个月之前做的一些事情后悔，那么他这段时间就没有成长。

现在深以为然。

我之所以想创业，一方面是上大学之后就有这样一个梦想，另一方面，作为创始人的成长是非常迅速的。在移动互联网时代，三个月就是传统行业一年的行业变化（是的，三个月之前我们团队规模只有现在的一半），三个月的努力就可能决定了一个领域的格局。对于创始人而言，每天都是挑战，都是全新的经历，都要求着快速的成长。而成长很重要的一个体现就是你发现你过去的一些决定是错的，或者当时的一些行为有更大的提升空间。所以，一个 CEO 在不断为自己犯过的错填坑，同时也在尽力避免犯过去犯过的各种错。

再有五个月，我们就正式辞职出来创业一年了。这大半年回想起来也是感慨万千，自己还在单位上班的日子，已经非常遥远。

之后，我们的周报制度会慢慢做一些调整。同时，我们也会更多地注重个人成长方面，我和几位主要创始人会找对应的小伙伴一对一聊天。希望能够更好地帮助各位。

我一直坚信，一个好的领导，不是一味地对下属好，也不是一味地榨取下属的剩余价值，而是能够以身作则，能够让员工吃到肉，能够让员工有所成长，且能够跟员工打成一片。

希望各位今后回想起在轻课团队的时候，能够给我们一个好评。

以上，共勉。

2016 年第 15 周

北京 · 紫光发展大厦

保持团队的成长感：“勇气”和“日拱一卒”

在创业初期，我除了每周日要完成一篇周报之外，还需要在每周一主持一次全体小伙伴的会议。周报更多地会用文字记录一些思考，而周一的会议通过面对面的方式，跟大家讲一讲业务相关的想法及进展。

创业早期，自身成长和团队成长尤为重要，需要不断带着团队保持“成长感”。

这几天，我都在外面出差，周三晚上才能回来，所以明天的例会不能主持了。不过幸运的是，我们是一个团队，我们有着强大的自我发展及自我调整的能力。这一次，我非常惊讶（是的，真的非常惊讶），看到大家基本上都完成了周报。同时，在我们入驻新办公室的两周多时间里，我感受到了所有人的新面貌、新士气，心里有着莫大的慰藉。今天我想跟大家说一下最近的两个关键词。

关键词一：勇气

我一直坚信一点：如果你要求别人做一件事情，或者你教别人做一件事情，那么你就一定要在这件事情上做到比别人好。同理，我们所做的事情是帮助更多的人学习，这是一个不断走出自己舒适区的过程。那么对于我们自己来说，也极其需要这样的“勇气”，来不断走出自己的舒适区。

我们团队没有“高管”，没有“资深”，没有“权威”，我们只有“用户”，只看“数据”，好处是不会存在“Someone is always RIGHT”（某人永远是对的）。但是，我们需要突破的是拥有足够的勇气，去迈出每一步，去涉足每一个新的领域，去尝试每一个新的玩法。不论成功与否，我们至少可以在尝试之后对自己说一声“我努力过，不后悔”。

一定要做一个勇敢的人。

关键词二：日拱一卒

最近因为我们在战略上的调整，也让我们的事情慢慢变得具象起来。怀着对于竞争对手及友商的尊重，我把自己的微信重新调整了一番，换成了一个普通用户的外表，来慢慢体验不同公司的产品，感触很深。

这不禁让我想起了很多的过往：曾经的求学经历，曾经对于英语的狂热，曾经还代表学校参加口语比赛，曾经无数次在夜晚听着英文歌入睡……现在看来，虽然这些在经历过之后，都会发现人外有人，比如，现在处于一个英语高手如云的环境中时，我感觉自己的英语简直就是 bullshit。但好处是，我又可以把自己放空，一点一滴地开始学习，把自己就当作一个用户，不断去体验，不断去思考如何才能获得更好的体验，并设计出更好的环节和产品。同时，我还能站在用户和运作方的角度发现，原来英语还能这么学！

这是我的日拱一卒。

每天在体验完一次市面上的竞争对手，或者直接跟对方的 CEO、投资经理聊过之后，我都会很有成就感，很有满足感，当然，也很有危机感。我在这个领域还是新人，还有太多需要探索，但现在的节奏让我对这个领域的了解一天比一天深入，思考也一天比一天深入。如何结合我们的优势做出更往前一步的事情，我经常越想越兴奋。

但思绪飘扬之后，我们还需要面对现状，比如，我们的团队如何，我们的资源如何，我们的精力允不允许，还需要怎么去改变。整个团队如何也能日拱一卒，慢慢成为一个战无不胜所向披靡的团队。

希望每个人每天睡前也能思考一下，“我”的日拱一卒。

很快，2016 年已经过去了 120 天，如白驹过隙。

每天，我们都在与自己的青春赛跑，有一帮给力的小伙伴同行，简直是人生快事！

2016 年第 18 周
写于出差途中

小团队的团建神器：Workshop

团队在15~20个人的时候，是非常容易形成凝聚力的时候。作为CEO，你可以对每个人都了解和关注，感觉出每个人的状态如何。同时，我也学到一个非常好的做团建的方式：设定问题的Workshop。

这篇周报最后，就有一个Workshop的预告。我现在还记得，第二天的Workshop效果非常好，每个人都在字条上写了自己对团队的寄语和思考。所有人去感受每个人的寄语的时候，大家会有一种很强的“希望这个团队好”的诉求，进而进一步转化为大家对这个团队的认可。

作为CEO，我的这种举动，也是一种努力希望团队变得更好的体现，让大家感觉到我的良苦用心，认同我，进而认同这个团队。推荐给小团队的管理者。

我们从1个人开始，到4个人的兼职团队，到这4个人都辞去极好的工作或者休学全职投入，再到现在的20个人的全职团队，团队在不断扩张，影响力在不断加大。见证我们成长的，也有我们的内部沟通机制。

最开始，我们所有的沟通都在微信群里完成，以兼职团队的方式和灵活快速的运作速度，战胜了很多全职团队，拿到了融资。后来，我们4个变成全职了，一整天就是在那儿傻坐着，有事儿就直接转身说，也没有例会、周报。然而过了一阵子，我们觉得这个样子太不像家公司了，所以也学习其他公司，制定起了周会的制度。再到后来，我们每天都有很多的思考需要记录，于是做起了周报。

再到现在。

坚持一个制度其实是不容易的，因为总有人不遵守。人天生贪婪，总是想要的很多而愿意付出的很少。我又何尝不是。我们公司的成长史，也是每个人与自己的惰性、舒适区做抗争的过程，包括我自己。这一点跟我们所做的教育有着异曲同工之妙。当我们俯视那些没有完成打卡、没有提交作业的学员的时候，其实说不定，我们也是会找各种借口不去完成的那一类。

感慨完了，说点正经的。

我们的每周周会、每日核心例会制度，持续了也有半年时间。运转到现在，也会有不匹配的地方，甚至容易造成团队的一些问题。没关系，我们及时调整，不断试错。

大家明天早会开会前，我会让大家回答这个问题，各位可以提前准备一下。我们轻课团队假如是一艘帆船，帆是动力，船身是保持力，水是阻力。大家可以就这个比喻的每个点写一些东西。譬如：

帆：强有力的传播机制/……

船：我们的粉丝数/……

水：公司离家太远/公司作息不规范，吃饭太晚/……

出于节省时间的考虑，明天讨论这个的时候，每个人每点限写三条以内（也可以不写）。这个环节我们控制在40分钟搞定。

之前我们是让每个人发言，轮流一遍：上周我做了什么什么，本周我要做些什么什么。感觉这样略微有点流于形式，明天例会先不进行这个环节了（这样的会议形式也是借鉴自技术部，在此鸣谢）。

为节省时间，大家可以先想好写哪些东西，明天我们加快速度搞定！

2016年第24周

北京·紫光发展大厦

第一次盈亏平衡：终于不烧钱了！

从开始创业到成功收支打平，我花了一年半的时间。虽然当时主流的互联网思维还是烧钱、获客和扩大规模，甚至很多创业者、投资人，都不认同在天使轮就变现。但我心里一直隐隐有个声音：难道就这么一直烧钱，然后融资，然后烧钱吗？

2016 年 7 月，我们团队终于盈亏平衡了。

我们选择了一个垂类来打：成人实用英语。通过低单价“订阅课”的方式，每个老师推出一款产品，如小麦老师的“英语麦克风”、侃侃老师的“侃词侃剧”、AVV 老师的“一词一高潮”等。

这些产品让我们公司的流量快速变现，单月达到几十万的收入量级，我在那个月既不敢相信，又欣喜若狂。

周报开始前，给大家分享一个数据：

目前，在线教育市场有 200 亿美元，但是盈利的不到 5%。

回首三个月，仿佛已一年。

这个月，我们终于能够有底气地说：

公司已经单月 BREAKEVEN 了！

公司已经单月 BREAKEVEN 了！

公司已经单月 BREAKEVEN 了！

打再多的鸡血，画再多的大饼，都不如这短短一句话来得强。因为赚钱才是一家公司存在的逻辑，才是商业的本质。

这一切都离不开各个部门和团队的支持，就在现在，增长的团队全都还在奋战中。同时，其他部门的小伙伴，也都有还活跃在工作岗位上的，在这里向你们致敬。

今天刚好是7月最后一天！

炎热的7月终于结束，我们迎来了更热的8月。

就让我们保持着火热的激情，继续战斗下去吧！

明天上班见！

2016年第30周

北京·紫光发展大厦

成功时刻的危机感：把项目做长久

上一篇周报，我们还是欣喜若狂。过了一周，我又陷入了危机感之中，开始思考：这个模式可持续吗？

当时我辞职创业已有一年，见过很多团队快速起来，又快速落下去。现象级的刷屏，很快又消失得无影无踪。每次回看，都唏嘘不已。

带着这种危机感，我写下这篇周报，跟团队一起来反思。同时，在最后进行了 Workshop 的预告。希望大家一起来思考我们的产品和我们的用户。

自从6月中旬决定转变模式以来，在短短三个月的时间里，我们的产品不论是在流量上，还是在变现上，都有了意想不到的效果。但随着我们的扩张、市场的各种反应和动向，以及我在密集地与各领域最聪明的大脑讨论我们模式的时候，让我不由得思考这几个问题：

1. 别人抄我们怎么办？

2. 这是一次流量洗刷还是可持续的教育模式？我们为用户是否创造了超

出其预期的价值?

3.还缺什么东西?还有什么问题?怎么样才能把我们的事业做到更大?

对于第一个问题,除了跟我们一样,拥有几十个人团队规模且有超强执行力的创业团队抄袭我们之外,我基本上还不是特别担心。因为至少创业到现在为止一年半的时间,我很有信心自己带的团队在执行力和反应速度上不输于其他人。

我担心,我们对这件事情的思考不够深入,对刚有起色的现状掉以轻心,在最好的局面没能及时调整,导致我们最后的失败。

我担心,轻课会不会止步于一款现象级的产品,我们会不会像许多创业团队一样,成为转瞬即逝的烟火。

我一直在想,我们的订阅课程已有百万用户,他们坚持和放弃的原因是什么?我们的付费课程已有数千名学员购买,他们下单和续费的原因是什么?轻课作为一种新的模式,要持久地产生影响力和价值,下一步应该做什么?

一切事物都有原因。这个社会不会无缘无故青睐一个人,同理也不会无缘无故眷顾一个团队。一群人要想长期在社会上立足,做出一番事业,必须为这个社会做出相应的贡献,这样才能获得与之对应的收入作为回报。一个与自身创造的价值并不匹配的收入,是无法维持长久的。我希望轻课团队每个人都能意识到这一点,在日常工作中去感受我们用户的种种情绪、意见。“用户思维”是我们赖以生存的根基。请大家千万记住,我们对用户帮助有多大,我们才能把这个事业做多大。

明天的 Workshop,还请大家思考两方面的事情:

1. 对我们目前“课程产品”的建议性意见。

2. 你印象中一个“典型付费用户”有什么特点(职业、性格等),他们为什么下单或购买我们的课程?

在 Workshop 中,请项目一部和二部的每一名同事针对以上两个问题都写出自己的理解（你们是公司的收入创造者，希望你们能够在这方面都有自己的思考），其他部门的同事则选择一个来写即可。

愿与各位一起把轻课做成一项长期的事业，而不是昙花一现的烟火。

共勉！

2016 年第 35 周

北京 · 紫光发展大厦

互联网求快，而教育求慢

这次的周报，我谈到了一个创业老兵。他主动找我聊天，我当时对创业者是来者不拒，所以和任何人都会花时间一起聊。

这个创业老兵在互联网上亏了 2000 多万。跟他聊完后，我非常感慨，写下了这篇周报。

当时，在线教育还没有任何一家教育巨头形成。现在来看，当时真是一个田园时机，真是有好多好多机会！现在教育的各条赛道，都有了巨头在前面，像黑洞一样吞噬着整个行业的资本、人才、流量、品牌。好想回到过去！

这次我把大家的周报看完并且评论完，花了不少时间，可以看出不少人都已经进入了工作状态。从你们的思考中，我能够感受到每个人敏锐细致的观察力，我从中也收获和学习很多。实话说，每次到了周五提醒大家写周报，以及到了周日（现在是双周周日）看大家每个人的周报，我也是

有惰性的，觉得事情很多（一般每次我写完也都很晚了，还需要准备第二天的 PPT）。但每次看完大家的思考，再加上自己思考整理之后，总会觉得能学到领悟到很多东西。反思自己创业一年以来，思考最多最系统的时候，也是在每次周报的时候，所以也是这样一个机制，逼迫自己成长。而这种机制在事后回看时，也会让我更坚定要把这件事情坚持下去的想法。我想，做教育也跟这个一样，效果比过程重要，长期的口碑往往比短期的爆发更重要。

今天，我与一位创业十年的创业老兵进行了两个多小时的交流，跟他谈到深处也是感慨万千。这位 1969 年出生的创业者，2003 年开始从体制内跳出来创业，其间也有大起大落，但也实现了自身的财富积累。2012 年开始，他正式从考研领域入手，依托比较强大的线下资源，经历了 2014 年的互联网投资热潮，再到 2015 年的资本寒冬，再到现在的资本极寒，团队经历业务线扩充再到裁员。几年时间，自己的钱烧了 2000 多万，到目前十多个人勉强盈亏平衡。听他讲了一路以来自己的思考、心路历程以及效果，不由得为轻课感到幸运，也为这位创业者所表现出来的韧劲感到佩服。

今天的谈话中，他的一句话让我感到非常有启发。他说：

互联网发展了快有 20 年，为什么现在还没有一家互联网教育巨头出现？有人说是因为懂教育的不懂互联网，而懂互联网的不懂教育。

他认为，不是这样，真正的原因在于：

互联网是追求“快”的行业，而教育是需要“慢”的行业。

教育和医疗，两个万亿级的市场，却一直以来都是互联网难以渗透下去的行业。医疗行业就不展开了。教育行业，是一份非常注重口碑和品牌的行业。一所好学校，不是砸个几亿十几亿就能出来的，往往需要几十年甚至是上百年的积淀才能做出品牌。

反思轻课，这家正式上线不超过一年的公司。按照教育真正的意义来看，我们才刚刚开始，还有太长的路要走。

从公司战略层面上来说，活下去永远是最重要的。其次，活得长久活得健康。

所以，轻课的“快”与“慢”、“轻”与“重”，也在不断调整，随之而来的团队变化不可避免，大家每个人的支持与付出，我们都将记在心里。

最后，大家 7、8、9 月三个月都非常紧绷。国庆期间，大家玩得开心！

2016 年第 38 周

北京 · 紫光发展大厦

团队沟通的关键：正直坦诚

2020 年，公司的价值观体系已经非常完善了。但在 2016 年 10 月，公司在沟通上经常出问题，我有很多的时间花在处理矛盾上，成了一个“救火队长”。

在这篇周报里，我强调了沟通的重要性，并提出了“坦率”的沟通方式。这个沟通的关键词，之后成了公司的一个重要的价值观——“正直坦诚”。

我是天秤座的，属于风象星座，具备一个特点就是跟谁都能打好交道。我在沟通的方式上很重要的一个心得就是“坦诚”，都是自己人，一个团队的。简明扼要就是，少一些做作和套路，多一些坦诚和交心。

预告了两周，新的周报模板不知道有没有让大家感受到不一样？

周报在轻课团队已有接近一年的历史。从最开始的日报，到每周周报，到后来的双周报，再到这一次周报内容的重大调整，我作为主要挖坑者（其实这也是给自己挖了个大坑），都在思考这样的模式是否有必要。同时我也在思考，怎样的方式和节奏大家容易接受，并且愿意通过周报的方式去为我们目前的团队做出可能的改变。

刚刚统计了下，所有人的周报合计 25232 字。此时此刻，我在这里跟大家只聊一个词——“沟通”。

对的，沟通、沟通、沟通！高效沟通、主动沟通、坦诚沟通。一个大家信手拈来的词，但对于一个团队而言，怎么强调都不为过。随着人数增加，轻课的沟通机制经历了多次调整，目前主要包括周例会、Workshop、日常工作站会以及周报：

- 周例会是我以及几位主要负责人为大家准备的汇报，希望让每个人都能知晓公司的整体经营情况
- Workshop 是一个特定的职能团队，为一个相对明确的目标，对于流程、细节、人员的不断精进，让每个团队小伙伴都能发挥自己的优势，对特定事情展开讨论
- 日常工作站会相对比较随意，主要是对目前已形成流程业务的计划和执行
- 双周的周报则应该是一次反思，一对一、更为坦诚地谈话，这也是两周前对周报进行调整的主要原因，也是为适应我们的人员规模不断增加，所做出的改变

目前轻课已经有 40 多位全职，我们的人数也将在这个规模保持很长的一段时间。通过互联网的力量，40 个人可以做的事情有很多，但这一切都建立在良好沟通机制的基础上。一直以来，我都在努力让轻课成为“坦率、激进”的团队，其中“坦率”的意义包括说真话、说心里话。在遇到困难的时候，不是像鸵鸟一样把头埋在沙子里，而是勇敢地承认、直面，

只有承认了问题，才是解决的开始。我也希望大家在今后的工作中，也能够坦诚面对。

各位这次的周报，以及接近一个月的 Workshop 也给我带来了很多的思考。在明天例会的时候，我将会跟大家详细分享。明天见！

2016 年第 45 周

北京 · 紫光发展大厦

解决团队矛盾：沟通的三个技巧

这篇文章还是讲沟通。团队当时体量逐渐大了起来，我们从紫光 B 座的一个房间，逐步扩展到两个房间，团队也从 30 个人，增加到 60 个人。团队逐渐有了部门、层级，在不同部门之间时常发生矛盾。

所有的团队问题，归根到底，都是 CEO 的问题。很简单，如果人不行，为什么当时你把他招过来？如果人不行，为什么你不把他开掉？

我虽然大学期间有带团队的经验，但学生时代大家都只把社团当作副业，有了矛盾，很简单，我退出便是。工作之后，对全职的小伙伴而言，一份工作，是自己养家糊口的最重要的方式。有了矛盾，可能就会是很严重的事情。

这篇文章是我在多次“救火”之后，写下的当时觉得很重要的三个职场沟通技巧。

以前自己在央企工作的时候，很厌烦喝酒。因为在央企老是喝酒，作

为新人一喝就得喝好多，不管是哄领导还是替领导挡酒。后来自己创业了，发现也难得喝一次，虽然喝醉后特别晕，但想想这样的经历，人生难得几回。

本次周报量大，不少人都反映了很多问题，很多也是我们目前团队的真实状况，但从大家愿意反映问题的动机，可以看出大家对我们轻课团队都有很多的思考，并在努力通过自己的种种意见建议来改变它。非常感谢各位的诚恳。

先跟大家表态，作为一个团队的 CEO，如果说不能物尽其财人尽其用，那么这是我的失职，这样的团队也做不大，不值得大家追随。所以，轻课所有存在的问题，都或多或少有我的责任。任何一个团队的问题，都是 CEO 的问题。

那接下来，我想跟大家聊聊，我在解决问题上的一些思考。

首先，大部分问题，都是来自沟通。而我觉得沟通里，有几个层次很重要，我也尤为看重。

第一，提前沟通。现在我们做事情都已经相对分工化（当然，你要是什么都能做到，那再好不过，不过这样的人很少）。那么，一件事情的推进都需要多人协作。具体到细节方面，各种协调、确认或者商议工作，应当让参与的小伙伴对应当知晓的事情充分知晓，否则这是对小伙伴的不尊重，同样也是不具备职场基本素养的体现。

第二，把握沟通方式。轻课是一个相对扁平、开放、年轻的团队，但这不意味着我们是没有纪律或没有岗位的乌合之众。每个人都有自己的职责，“职责”一词包括权力与责任，希望大家能够认清这一点，把握好自己在职场中的沟通方式，进而更好地适应真正的职场环境。当你还在学校的时候，你的错误会因为你的学生身份而得以原谅，但轻课是一个社会化及市场化的团队，北上广不相信借口和眼泪。

第三，保持好奇心。在开一些部门 Workshop 时，我观察到有一些其他部门的人也申请来旁听，希望能够更系统地了解相关的业务情况。一个人对于一件事情的理解，很大程度上取决于他过往的经历，绝对的换位思考是不存在的。但是如果你以本职工作为契机，顺着这个方向去了解更多，那么你将收获的就不仅仅是你工作带来的经验值，也会帮助你在与其他同事的沟通过程中，能让别人感受到，你也站在他的角度考虑。轻课的 Tower 系统有非常多的东西，单单就周报来说，我自己在从最开始到现在应该有 20 多篇共计几万字的周报，以及各位的部门负责人写的周报等，你想不想了解？想不想知道，这个团队在过去的一年，都经历了什么？

其次，专业的人做专业的事。相信大家对这点应该都会认同，那么重要的是，你是不是专业的人？

很多时候，有人会觉得，我在某某方面相当专业，交给我没问题。但是，别人不一定这么想，讨论中可能还经常会因为这个吵起来，你不服我，我不服你。我想起了以前的一件事，我自己在大二的时候，获得了一个机会去成立一个新的团队。带领我的老师是一个年轻有为的干部，也是刚刚上任的团委书记。他让做的第一件事情就是写一份详尽的报告。我就去写了，一写几千字，他不满意，打回来重写，来回折腾了好几次。我把北京其他 60 多所高校，所有的类似团队都调研分析了一遍，最后做成了一份 20 多页的报告和规划，他才放手让我去干。

写报告非常折磨人，但是当我看过那么多，思考了那么多之后，我就感觉说服别人不再是一件困难的事情，我的论点与论据都非常翔实充分，而不是颐指气使地说，这个我懂，放心，按我的来没问题。不要这么说，这会让人反感，并且质疑你的专业性。如果你足够专业，足够有经历和思考，并且具备说服力，那么相信你说服我也是没有问题的。

相对而言，轻课目前的工作时间是比较浮动轻松的，但不意味着我们对于专业人才不渴求，不意味着我们不希望大家在各自的领域精进。在快速发展的团队里，不是谁加入得早，就一定将来怎么样。在任何层面，都存在着机遇与竞争。所以，当轻课继续扩张，当机会来临时，你准备好了你的专业能力吗？

近期，我还有一些其他感触，在这里就不再赘述。刚做完明天的 PPT，各位小伙伴，明天见！

2016 年第 47 周

北京 · 紫光发展大厦

不仅要学习成功的公司，更要看看破产的公司

创业以来，我关注的不仅仅是成功的公司，还有大量“失败”的公司。从这些失败的公司身上，有可能我会学到更多。

这篇周报的第一部分，就是反思一家如火如荼的公司，为什么那么快就失败了。我感觉这个非常重要，不仅关注分子，更要关注分母，从而得到一个更好的决策判断。

本次周报，跟大家分享近期的两个心得。

第一句话：无知和弱小不是生存的障碍，傲慢才是。

在过去的一年里，轻课是幸运的。行业整体不景气，资本寒冬根本不是因为大家手里没有钱，而是可供投资及具有投资意义的创业公司越来越少所导致的“资产荒”。投资人都是世界上最精明和最聪明的一帮人。一件事

情我投了钱未来不能收回成本，那么我为什么要投？所以资本寒冬在更确切的意义上应该被称为“资产寒冬”。在最近的招聘和面试中，我也能逐步感受到因2014年投资过热的很多家公司的倒闭，所带来的互联网人才的释放。我有时候也会刷“脉脉”，实名区内一片阳光灿烂各种正能量，匿名区里往往才是社会的真实写照。

在整体不景气的情况下，轻课团队的发展的确非常鼓舞人心。但互联网公司的竞争，就像是一个文明与另一个文明的战争，很多时候不同的文明处于根本不一样的技术水平，打起仗来，就如刘慈欣的《三体》中写道的：毁灭你，与你何干。

最近看了一篇亿航的报道（标题是《悬崖边的亿航：裁员只是表面现象，企业进入倒计时》），一家B轮4200万美元的公司在2015年8月拿到投资后的一年多，就做出了重大的裁员决定。从中看到内部很多的细节，见微知著，能感受到一家曾经风光无限的公司，因为经营管理不善，导致目前的艰难局面。

这些原因，既有外部的，也有内部的。创业公司从来都是一个串联的事件，任何一个事件的节奏没有把握好，都可能导致最后的功亏一篑。这样的影响往往不容易察觉，但一旦过了时间可能就积重难返，无力回天。

从最开始投身创业到现在一年半的时间，我接触了非常多的创始人和CEO，有各种类型。我发现公司发展越往后期的CEO，普遍在对事情的理解和思考，以及对待竞争对手的态度上，越有明显的不一样。公司规模越大，往往创始人给人更谦逊、更务实的印象。相反，一些被冠以“创业表演家”的创始人，则几句话下来让人觉得傲慢，目空一切。这些公司往往后期都逐渐销声匿迹，淡出公众视线。

说到我们自己，在某些方面的探索其实也刚刚开始。我们在走很多人都走过的路，只不过可能某条路走得比别人更快更顺一些而已。在顺境的时候，很容易被快速的发展蒙蔽双眼，忽略哪些地方我们还差一大截，很容易在自己的小宇宙中傲慢自大。

“无知和弱小不是生存的障碍，傲慢才是。”这是《三体》中经典的一句话。想一想，真的很有道理。

敬畏用户、敬畏数据、敬畏对手。

第二句话：Life is unfair, get used to it.

这句话在我初中学英语的时候就出现过。生活是不公平的，学会适应它吧。相信在大家进入社会后，应该也对这句话非常有感触吧。大四第一学期的时候，我就一直在思考自己应不应该毕业后创业。那时候，我刚刚弄了一个自认为还算比较成功的创业项目。这个项目在学校里面也有比较大的反响和好评，当时也有不少朋友支持我创业，甚至资金支持。但后来，我想了想还是放弃了，这其中说服我自己的很重要的一个原因就是，我刚刚出来，赖以生存的技能在很多专业的公司看来，都只是雕虫小技。在社会里，我不再只是与我同级的人竞争，很有可能是跟一个拥有十年社会经验的创业者竞争，很有可能对方已经深耕这个领域五六年，很有可能我去人家公司应聘，人家都会嫌我没有工作经验等。

生活就是这么不公平。

当时，有一个朋友的话启发了我：其实创业和工作丝毫不冲突，如果你能够在一个领域做到NO.1，那其实你也是在为自己创业。

这个社会永远都有一套通行的规则。在物理领域，就是宇宙的各种基本公式与法则（也是《三体》中文明与文明对决的最重要武器）。在商业领域，就是专业的人做专业的事，市场的价格是由供需决定而不是成本决定，公司能不能活下去不是看情怀而是看能否有一个健康的现金流……

这些规则是公平的，只不过我们有时选择性忽视了它。

以上也是自己在创业过程中的一些收获。在这里跟各位做一个分享，也当是一个《三体》迷结合自己经历与书籍的一些思考。大家有空也可以看看。

2016年即将结束，即将迎来新的一年。大家圣诞快乐！新年快乐！

2016年第51周

北京·紫光发展大厦

关于销售和危机感的一点思考

在创业期间，我自己保持了持续不断的学习，学习管理、学习互联网、学习销售，学习有关开公司带团队的各种内容。

这些学习的成果，我也会时不时跟团队分享。

这次我跟大家分享了三点关于销售的思考。现在2020年了，我依然对此了然于胸，每每回味都感叹，总结得真是太精辟了。

现在来看，其实这也是一种“费曼学习法”，把学到的东西教给别人，其实自己掌握得会更好。

另外，危机感其实一直伴随着我创业的整个历程。在我自己怀有危机感的同时，我也希望团队能够保持危机感，希望团队能自我驱动。

到今天，我在“得到”上已经购买了5个订阅。在我起床或者睡前之时，很多订阅已经成为我最可能想起要学习的东西。所以今天，我从一个优秀同行的用户角度，来跟大家做一些分享，分享刚从“得到”学习到的几个领悟。

“得到”的定位，主要是针对商业和创业的人群，不少是企业的管理者。这部分人的时间非常宝贵，但他们具有极强的恐慌意识，也具备较强的购买力，是非常有能量之人。我在过往一年，已经碰到了两个人极力向我推荐“得到”，一位是1995年的CEO，他已经将公司做到了开始战略投资其他公司的阶段了；另一位是个投资人，一只数亿基金的创始人。他们在给我推荐的时候，都说自己是“得到”的重度用户，并在上面有了不少的消费。今天我给大家写这个周报，是一次小范围但强有力的为“得到”进行的宣传。“得到”的目标受众，不少都是有极强的自我提升意识和自我危机感的人，这部分人为“得到”的收入及日活都做出了重要的贡献。

“得到”的产品具备几个特点，第一就是轻。“得到”中有17个订阅，除了我购买的5个订阅外，我还支付了罗振宇打造的“罗辑思维”，这个只需要1块钱就能订阅。但是支付之后，我一次都没有看完“罗辑思维”的订阅内容，因为每次准备收听之前，都心想听完要1小时，于是就放弃了。

不仅内容学习领域有这个特点，各行各业都有这个趋势。这一点在罗振宇的跨年演讲中也提到过，用户为什么不愿意去看电影了？电影本身是2小时，来回路上需要2小时，我要去看一次电影，为此支付的时间就要有3到4小时。很多时候价格不再是决定我是否做一件事情的因素，我为这件事情支付的时间成本，往往会成为在当今时代做决策的重要参考。短视频的兴起，今日头条、微博内嵌的秒拍的兴起，都是这个时代趋向碎片化的重要例证。

趋势面前，个人的力量太渺小了。

“得到”还有个特点就是产品内容非常优质。这个内容优质的重要体现，一方面在于内容创作者拥有极其深厚的学识和经验，另一方面在于“得到”的内容运营机制。这一点是从脱不花的演讲中看到的，对我们来说是一个非常重要的借鉴。

下面，我再跟大家分享一个近期听“得到”吴军老师的《硅谷来信》

中，他从他朋友——摩拜单车创始人王晓峰那边学习过来的**关于销售的三点分享**。短短三句话，大道至简。

一、销售的本质——把钱收回来。

不管用户有没有试听，不管用户有多少需求，不管你的产品多么好，不管用户是添加购物车还是转发朋友圈还是领取优惠券，你没有把钱收回来，都不算完成销售。

二、持续的生意——让顾客把买的东西用光。

搞促销只是阶段性而不是持续性的。顾客是否继续下单，顾客是否愿意推荐你的产品给别人，最最重要就在于他们是否把买过来的东西使用了。这体现在我们的产品中，就是每天用户是否听完了你的课，是否学习到了实实在在的内容，是否真的有提升和领悟。

三、商品和服务要让消费者有面子。

苹果历史上卖得最差的手机就是 iPhone 5C，原因在于大家用起来觉得没面子。相同的例子也有很多。这一点也牵涉内容的打磨及品牌和社群氛围的打造。

以上三点详细说可以说很长很长，大家如果有兴趣可以认真读一读。此类内容更多体现的是一种“元认知”，都是非常精练的总结和整理，可以让我们做事情能够更直接地抓住主线。

最后，跟大家谈一谈危机感。

公司有不少新鲜血液流入，也有小伙伴离开。对于一家公司，这很正常，市场是双向选择的。这次，我看不少小伙伴的周报，都提到了危机感。在这里，我跟大家讲讲我的一些想法。

毕业之后，我去的一家金融机构，现在我不好对外说名字。虽然不是互联网公司背景，但在毕业生看来这可是许多人都梦寐以求的单位。大家都削尖了脑袋想要进入，竞争十分激烈，大约 3 万人报名，最后录取了只有几十人，而我当时也是其中之一。

在进入这家公司的时候，我满心欢喜。每天，我的工作时间不到八小时，常常可以两小时完成工作，晚上不加班，周末不加班，也没有什么压力。入职第一年，收入有 15 万，第二年就能到 20 多万。

我算了下时薪，乐坏了。但是没过三个月，煎熬感如期而至。

在我跟领导谈心时（对我还真挺不错的一个大姐），我问领导为啥公司同事都在吐槽收入低，为什么不离开找个更高收入的工作。领导说，唉，在这种铁饭碗的单位待久了，如果没有危机感，不上进不主动，一个个都到三四十岁了，平时也没啥动力长本事，没能力，别的公司也不想要。所以，在进去后的不久，我就铁了心要尽快辞职。因为在这样的机构，人容易越待越没有危机感。这也是我入职后的真实体会。所以，那些同事也只能抱怨抱怨而已。一旦他们真的离开了，就不可能再享受到那么好的薪资和福利待遇了。

不论你是个人，还是公司，只要追求卓越，不想浑浑噩噩沦为平庸之辈，那么危机感就一定会伴随你左右。

就在过去的一周，我们的另外一位洪泰系的公司——小黑裙，刚经历了微信封号。

站在 CEO 的角度换位思考，我会想，如果小黑裙只依赖三级分销，而不是产品技术过硬，那么这次打击将是毁灭性打击。因为在三级分销的基础上，他们没有了危机感，没有打磨产品和优化用户体验的动力，只是站在拉人头过来的流量池子上坐享其成。我想，这也是大部分依赖三级分销的公司，最后都做不大的原因吧。

再细想，700 万粉丝的微信大号瞬间被封，这很打击其他做微信号创业者的动力的，但为什么腾讯一定要做呢？

封号的决定，一方面是防止其他公司效仿，是对自身政策坚定执行的展现，同时也承担了来自政府的压力。这是一个平台不得不做的一件事。**微信平台如果要健康良性发展，也必须采取这样的措施，因为这是它们的危机感。**

轻课在刚刚过去的一周，全职人数突破了 50 人，加上 10 名老师、数十名实习生以及上百名兼职。我们已成为初具规模的创业公司了。对我而言，每天必须时刻保持着危机感，才能不断驱动整个团队不断向前。

另，再次强调：

轻课团队内禁止谈恋爱。这一点是公司成立之初就确立的原则，尤其是上下级、同一部门以及敏感职位。可能等公司大了，人数超过几百个人时，谈恋爱不会有那么大的负面影响，我们会考虑适度放松。但就目前规模的团队而言，此要求依然生效。

我们是一个进取的团队，进取是一种氛围，需要由所有人一起来投身和坚守。公司在过去一年快速发展，我们也努力在各方面为大家创造更好的条件。希望各位能把握好初心，认同我们的价值观，保持危机意识，一起解决困难，共同成长。

2017 年第 1 周
北京 · 紫光发展大厦

第一次年会：聪明人的四种典型挑战

这篇月报是写于轻课第一次年会之后。

但是本文主要的篇幅，主要还是反思自己，以及对公司管理层进行一些鞭策。

2017 年 *1* 月，公司已经有六七十人的规模，很多早期加入的员工，可能并不具备管理的能力和才能，但因为加入时间早，对业务熟悉，所以成

了管理者。

现在反思，其实还是自己的问题，自己没有足够的魄力，而是“舒适”地让老人来承担更重要的职责。这个问题，在我接触到的不少团队都存在，这也是制约很多小公司没有发展起来的很重要的一个因素。

刚刚过去的年会，不仅是轻课的第一次年会，更是很多小伙伴人生中第一次上台表演，第一次穿礼服（我第一次穿得那么骚气），第一次去夜店嗨，甚至第一次中奖。

第一次意味着我们的年轻，年轻代表着有活力，有创造性；第一次，也代表着感性和任性。以上的特点在整个年会的组织过程中，相信不同的人都会有不同的体会。若渴望与众不同，则需不断与天性做斗争。个人如此，组织亦如此。在这里我想说，这一次年会，我们做得真的很棒！

在这里，我想向负责组织此次年会的人事行政组致敬，也向所有参与年会组织和表演的小伙伴致敬！是你们的坚持与付出，让我们认识到相聚的美好；是你们所有人的努力，给轻课团队每个人都留下了一次难忘的回忆。

年会的照片已经发到了大家的邮箱，大家千万记得保存。这些记录了你曾经的照片，将会如美酒一般，越陈越香。

近期，在好友的推荐下，我开始看起了浙江卫视一个真人秀节目——《我是创始人》。每期节目都有十多家公司的创始人聚在一起 PK，既有格力的董明珠、搜狗的王小川等大佬，也有一些新兴的互联网创业公司 CEO。每次节目创始人们会组成两队进行实战 PK，通过定量的数据如销售额、在线时长、投票等决定最终结果，然后开始非常精彩的复盘和投票决定去留。

整个节目非常精彩，尤其是在复盘环节，能够听到最聪明且最有经验的一帮人，结合刚刚完成的任务进行激烈的讨论，包括过程和结果、战略和战术、分工和协作、失败或者胜利、道德或者利益、留下或者离开……以人为镜可以明得失。看了几期后，我逐渐领会到一个优秀的团队应该是什么样，一家伟大的公司应该是什么样。在这里推荐大家都去看看。

最近插座学院的一篇文章《老板，你很聪明，但我不想跟着你了》，让我有了很多的反思。文章中提到了一些聪明人的四种典型挑战，而这些挑战在"超级聪明"的群体中更为常见：

1. 证明自己有多聪明。

2. 证明自己有多正确。

3. "我早就知道了"。

4. "你们为什么不能像我一样"。

《我是创始人》的节目里，很多CEO在任务进行中及任务复盘时，都会犯以上错误。他们自己在说的时候，可能会觉得很有道理很正确，但是站在旁观者视角，以上四个典型的低级错误，对团队的发展、团队的凝聚力都极其不利。

反思自己过往的经历，我也难免经常犯这些错误。不出意外的话，我现在应该还会犯。如果，犯错的时候能切换到旁观者视角，想必真会让人羞愧不已。

说了四点挑战，正确的做法是什么？文章的倒数第五小节提到：

"归功于自身——证明自己有多聪明、多正确、多么全知全能；归功于众人——证明他人是正确的，并且以他人知道答案为傲。要实现从前者向后者的转变可能非常困难。"

以上四点如果说要有一个共同特点，那么就是"自嗨"。一个自嗨的创始人，往往做不大。同样，一个只会"自嗨"的团队，往往也做不长久。

伟大的领导者要帮助他人走向成功，伟大的公司应该为用户创造价值。在我们日常的经营活动中，有很多方式和方法，付费也好、扩散也好、坚持也好，所有的目的，都是期望我们的用户能够在轻课有所成长和收获。我相信我们继续坚持以此作为目标，就一定能够在越来越激烈的竞争环境中脱颖而出！

春节也快到了，提前祝所有轻课小伙伴新年快乐！新的一年，我们继续加油！

2017 年第 3 周
北京 · 紫光发展大厦

《王者荣耀》的启发：如何让学习成瘾

《王者荣耀》现在已经成了一款全民游戏产品，陪伴大家多年，默认成为手机 MOBA（多人在线战术竞技游戏）的代表。

在 2017 年，《王者荣耀》快速铺开并下沉。而我也在 2017 年的春节前，入坑。

整个春节假期期间，我都在老家打《王者荣耀》，段位上了钻石，还跟多年未见的发小们一起开黑，大家从天南地北回来，共同语言居然变成了这款游戏。这也真是让人感叹。

春节后回来，我逐步开始收心。我开始思考，为什么我一整个假期，不好好学习，净玩《王者荣耀》了？！

我在“一刻 Talks”里头，有一场演讲“如何让学习成瘾”。没想到，这一个假期的“堕落”还是让我学到了一些东西。

刚刚过了元宵，这个春节也算是真正过去啦。在过去的第一周，我相信大家能感觉到新年的第一个不同——我们做了一个比较大的部门调整，包括

原项目部更名为市场部，负责轻课整体的销售、品牌、市场、增长、公关、客服等；原内容部更名为教学部，负责轻课的教研以及三种产品订阅课、直播课、针对性服务的教务工作；其他两个部门也有了两个更有趣的名字——Studio 和 Labs。

这样的组织架构调整，既是我们从日常工作中深切感受到变革的需要，也是参考了很多大公司的逻辑，顺应专业化分工，是让专业的人做专业的事的具体体现。与此同时，我们也有了自己的产品经理和数据分析师，为整体业务运营提供强有力的支持。

这次组织架构变动不小。在大公司，这样的变动可能前前后后需要折腾三个月或者半年，但这次我们在很短时间内就完成了这样的调整，这也是我们超强执行力的重要体现。不过在这期间，我们的各项业务并没有太大变化，可能也是度过了春节假期的原因。所以，接下来的时间，在新的架构下，我希望每位轻课小伙伴都能快速进入状态，全身心投入，为轻课的发展及自己的成长，一起加油！

附：上次周会，我跟大家分享的内容，其实是自己写的一篇思考的 PPT 版。在这里我把原文附上，没参加周会的小伙伴都可以看看，参加了周会的可以再看一遍。

如何定义未来的学习模式？

在看阿里巴巴纪录片的时候，我记得，十年前的马云在视频中有许多的豪言壮语。在泛黄粗糙的视频中，马云说出了很多在当时看来不可思议，但现在回看却又已是共识的话语。电商在整个互联网行业中，是扮演着极其重要角色的一个细分行业。在过去的 20 年，电商快速地实现了互联网化。目前，该行业主要格局已经基本确定。但对教育行业来说，未来的想象空间还非常大。

春节期间，听了一些课、看了一些书，还玩了款游戏，在这里跟大家做一做分享。这款游戏就叫《王者荣耀》。

为什么关注到《王者荣耀》？因为我个人喜欢看排行榜。去年，在喜马拉雅做“12·3知识狂欢节”的时候，喜马拉雅官方放了一张图，《王者荣耀》的当天排名是第5名。当然，更早之前，在“精雕细课”中，它又一次进了排行榜前100名（第95名）。后来，我发现原来苹果有一个排行榜叫畅销排行榜。这个榜单很有意思，记录了每天不同的App内部走账的排行，可以很直观地看到不同App每天有多少流水。这个功能用户看的意义不太大，但作为创业者，作为一个商人，这个就太有意思了。

在喜马拉雅当天分享的排行榜截图中，《王者荣耀》就排在第1名。据我了解，当天喜马拉雅的真实流水是2000万，所以预估《王者荣耀》的日流水可能在1亿左右。再后来，我也会时不时打开畅销排行榜，发现它一直雄踞第1名。哪怕在网易的《阴阳师》火遍朋友圈的时候，《王者荣耀》依旧排行第1，并且评论数是《阴阳师》的5倍左右。

所以，在过年前，我想给自己放一个假。以研究游戏及运营思路的名头，我开始认认真真地玩这款游戏了。玩这款游戏不到半小时，我就发现，我上瘾了。

这款游戏有以下几个特点，让它具有极强的留存率和成瘾性：

- 女性玩家福音：上手特别快，强制教程引导，玩法简单，目标更简单，制作精美，耐看
- 碎片化：每一局时间短，10-20分钟，适合在碎片时间玩
- 病毒系数：团战PK模式，融入社交属性，可以一个人玩，更可以形成小团队，把现实的圈子融入进去
- 照顾每个玩家：公平，你匹配的玩家一般跟你段位差不多，而且人民币玩家在初期并没有太大优势

这样的产品特点，打造出2亿玩家的惊人数据（日活貌似在一周年的

时候破了4000万)。我发现在我的朋友圈中，4000位好友中月活用户有411位，甚至我在乡下跟亲戚的小孩一起聚会时，没啥可干，就会一起玩《王者荣耀》!

游戏业也是互联网的发动机。这款爆款游戏中，也有很多我们在线教育从业者非常值得学习的地方。我们也可以从其中思考，未来的学习模式是什么样子的？（主要谈非考试类的兴趣学习）

互联网只是工具，所以是“教育+互联网”，而不是“互联网+教育”。我们还是要从学习开始思考这一切。

学习，包括两方面，一个是学，一个是习。

学对应的是输入，习对应的是输出。再具象一些，就目前的技术水平，从用户体验层面来看，学更多对应的是内容，习更多对应的是服务。而内容要一对多才能做好，这一点电影就是很明显的例证。而服务要一对一才能做好。内容是标准化的，而服务是个性化的。内容做得好是第一步。只有把内容和服务都做好了，才是真正的因材施教。所以，内容和服务的结合，相比在娱乐、金融、电商等行业，在教育行业就显得格外重要。

因此，一个好的学习体验，一方面要为学员提供最优质的内容，另一方面要提供个性化的服务。接下来，我来谈谈我认为的内容和服务未来的趋势。在谈内容服务趋势之前，先谈谈用户。

目标用户的特点：

- **不愿意学习，但是又不希望自己掉队。**
- **上一次学习的经历和体验，将作为下一次是否继续同样学习的重要参考。**
- **只要自己学得进去、效果好、有爽感，就会觉得钱花得值，并且继续做推荐。**
- **要是有段时间没坚持了，或者没完成，容易形成破窗效应，再**

次唤醒则需要其他动力。**

所以，个人认为，未来教育，在非考试类（兴趣学习）的板块，内容和服务也会慢慢走向这样的趋势：

- **内容精品化：**制作优良，往往是“专业 IP+ 幕后团队精心策划”。
- **鼓励适当的输出：**轻课每天 10 万人坚持学习，有 5 万人都会打卡。适当的输出，既是学员自我练习加强记忆的方式，又可以融入传播条件。来自用户认可的传播，才是最健康的传播。
- **恰到好处的碎片化：**再优质的内容，时间一长就成为障碍。看电影的人增加不多，但看小视频的人激增；看书的人增加不多，但看公众号文章、微博的人激增；不管碎片化学习如何被一些人诟病，你不得不承认，可能过去 80% 的学习成长都来自碎片化学习，所以我们不应该去思考如何“反碎片化学习”，而是应该思考如何“做好碎片化学习”。
- **引入社交保证留存和传播：**参考《王者荣耀》、单机游戏和多人游戏，一个机器提示你该学习了，跟提示你的情敌和你身边的人都在奋发努力，哪个更有激励性？PK 的感觉，共同学习、共同讨论的氛围，太重要了。
- **学习动力的不断激发：**因为是没有压力的兴趣学习，付费和非付费差别很大。那么付费包括初次付费和复购。初次付费包括获客和转化，复购包括用户的时间投入和情感维系。其间的销售能力、洗脑能力、推荐能力，将同样扮演重要的角色。当然，学习动力不仅仅是一家，很多时候都是整个社会在推动。学习动力也是内容和服务需要扮演的重要角色。

可以预见，在今后很难出现那种团队憋个大招后打造出的线下学习产品，新概念英语、疯狂英语等甚至会成为绝唱。用户的参与和产品的不断打磨，慢慢打造一个有生命力的社群，构建 IP，形成品牌，进而逐步形成规模，这也将成为未来在线教育兴趣学习的主流。

2017 年第 6 周

北京 · 紫光发展大厦

“像诗人一样思考，像农夫一样耕耘”

标题的这句话，是我在大学期间，一个带着我一路打怪的学长跟我说的。我当时听完后泪流满面，并迅速记下了这句话。

这篇周报写得比较杂，但不少内容后来都成为我们价值观体系中的内容。

最近轻课团队发生了不少变化，既有组织架构层面的，又有日常沟通层面的。在这里想跟大家谈一谈自己关于未来目标和实现路径方面的想法和体会。

以前上大学的时候，我做了个社团，叫多媒体设计制作中心，就是专门有一个外包团队，四处接平面设计、视频制作、网站制作的任务。有个学弟觉得他的技术很厉害，跟我提出要当技术总监（当时我们三个业务部门——视频部、平面部、网络部，但是没有技术总监这个岗位），我们都觉得他只是技术懂得多，但没有任何惊艳的产出，在团队协作的时候也丝毫不能带动大家。所以，我问他如果他来做技术总监，对之后开展工作有什么想法，他跟我说了一句话：“不在其位，不谋其政。”

乍一听感觉韵律感很强，貌似挺有道理，所以后来我去查了查，发现这句话源自《论语》，以下摘自百度百科：

这在春秋末年为维护社会稳定、抑制百姓“犯上作乱”起到过重要作用，但对后世则有一定的不良影响，尤其对民众不关心政治、安分守礼的心态起到诱导作用。我们要提倡“在其位，谋其政”。

当时我觉得，如果一个人想获得这个岗位，连自己想做什么，打算怎么做都没有任何准备，那么说明他还没有准备好。“不在其位，不谋其政”只是他的一个借口（可能他也不知道这句话的真实含意），他还不适合这个岗位。

目前，我们的 OKR 制度在不断实行中。可能各位觉得写起 OKR 的时候，会很痛苦。但对于一个要快速发展的团队而言，必须经历这样的痛苦。

在这里，我希望各位小伙伴能够注重自身领导力的修炼，除了近期要做的具体事情外，也能够站在更长的时间维度去思考，包括自身的目标、公司的目标及沟通的机制，能做到“仰望星空”。

在有了目标后，我们还需要通过行动来一步一步达到设定的目标。在这里，我想再讲两点。

第一，再次强调“MVP”的思想。MVP 的全称叫“Minimum Viable Product”，即最小可行产品。这不仅在创业过程中十分有效，在平时的实际工作中也十分具有借鉴意义。

用一句话形容，可以这么来理解：做事情不要想着“憋大招”，而应该更多地去思考“先快速做个方案试试”。套用另外一句话“Done is better than perfect”，也是这个道理。

第二，再说说心态方面。我觉得轻课团队很可贵的一点就是，**做“正**

确”的事情是我们一直在坚持的。

诸如我们的专业化发展，我们沟通机制的建立，我们的周会周报制度，这种“正确”的事情虽然是比较反人性的，但是只要我们相信它是正确的，就一定要坚持。就像，在学习键盘打字的时候，为什么要讲究指位，要盲打，而不是看着键盘用食指和中指打字；就像在做一个 Word 文档的时候，要注意格式、注意缩进、注意行间距、注意字体大小等。对个人而言，这样的习惯日积月累，逐步就会产生差异。而对组织发展而言，坚持做正确事情的重要性，有过之而无不及，则是我们现在正在经历的一切。

因为我们是一个有野心的团队。我们想做一件大事。

最近新入职的小伙伴，应该能够发现轻课作为创业团队，与大公司或者其他创业团队的不一样。更值得鼓励的是，轻课有不少模块团队，也正在逐步形成这样的机制。比如，新媒体团队的每个人都必须写原创，订阅课团队的编辑出错纠错审核机制，人事行政组对招聘渠道的数据统计和分析工作，等等。这种机制的形成，是会伴随着阵痛，但长久坚持下去，既可以产出优秀的产品，又能打造团队的核心竞争力，更能够帮助个人快速成长。这就叫“脚踏实地”。

诚然，必须承认，现在的轻课仍然还有很多需要提升的空间，需要解决的问题。问题多起来之后，想憋个大的一下子全部搞定是不可能的，一点一点地解决更为现实。我们在经历着一个团队成长的痛苦，希望能够在轻课全体小伙伴的共同努力下，日拱一卒，不断克服。

“像诗人一样思考，像农夫一样耕耘”，这句话是以前的一个非常优秀的学长带我的时候分享给我的。在这里也分享给大家。期待大家能够抓住在轻课的机会，**与轻课一起成长，一起变得更强！**

2017 年第 8 周
北京 · 紫光发展大厦

战略、管理以及“确认回复”的习惯养成

从2017年年初开始，团队的人数越来越多，我们的周报制度也改成了“双周报”。每过两周，来进行一次Review。

本次周报继续跟大家说三件事，关于战略、管理，以及希望大家养成的一个好习惯。

一、关于战略的近期思考

去年3月，我们做了一次28天口语集训营的活动，邀请小麦老师作为我们的明星导师全程带队。活动推广后，得到了广泛的参与和传播。两期活动结束后，我们从一个仅有10万粉丝量级的账号，成长为一个30余万粉丝的“大号”。这也是我们轻课战略转型，all in 在英语领域的重要开始。

转眼一年时间过去，这一年貌似顺利，但我们也踩了不少坑，做过很多毫无意义的尝试。但我们也幸运地做对了一些事情，让我们发展到目前的规模。最近跟不少人探讨关于教育包括在线教育在内的很多问题。所以接下来，我把最近的一些思考继续与大家分享。

先说重点，三点核心认知：

1. 成人英语学习的市场巨大，但由于成人时间极其有限，在线化将是不可避免的趋势。

2. 用户获取和习惯养成的能力，将是机构的核心竞争力。短时间的学习内容和碎片化的场景，将在未来成为主流，依靠自传播的传播是最健康的传播，大幅降低获客成本。

3. 教育行业很难形成平台然后让用户自己选择，要做就做机构，做垂

直。一条龙全流程内容和服务一起做，“父爱算法”直接提供最优方案。

第一，说说成人英语市场。中国拥有众多的人口。在全球化、世界语言、出国游等趋势下，英语市场拥有庞大而又丰富的潜在客户群，加上英语好是别人评价一个人“厉害”的重要标准，所以很多人都希望能够有一口流利的英语。这个市场其实存在很多不规范的地方，包括高客单价、低完成率等等。同时，因为英语学习需求并不像应试类如托福、雅思、四六级、考研、K12 等品类的目的性那么明显，所以很常见的一个现象就是，我想学英语，然后被忽悠，花几万块钱或者贷款分期买了个两年的课程，但付完费后又不能按时完成。老套的教材和系统让我学起来特别乏味，最后不能坚持不了了之，或者想退款却被百般刁难根本不能退。从本质上来说，不能让用户坚持学完的课程，都带有一定流氓的特性，这也是很多成人英语培训机构名声不好的原因。

第二，用户获取能力。这是整个在线教育行业的难题。据我所知，华尔街英语一个客户收费 1 万元，其中有 4000 元是综合的获客成本，包括广告、销售、关键词等。而推广方式也极其野蛮，例如轮番电话轰炸。到后来上课的时候，大部分人都难以完成，难以坚持。教育这个东西天生就是反人性的，所以**习惯养成在整个环节中极其重要。**

第三，很多人都表示过这样的想法：“哎，轻课能不能把系统开放给我们，做成一个平台一样，让我们老师入驻，然后跟平台分成，或者平台收取我们一个使用费呀？”其实，思享空间就是这样的模式。如果按照这个模式，其实我们更像是一个 TO B 的技术公司，而不是在线教育公司。这一点取决于我们的基因是做教育。做教育的话，TO C 的模式一定要比 TO B 的模式更有价值，因为离用户更近。所以对我们而言，提升转化率和单个用户客单价的重要逻辑，就在于为用户提供更细致的一条龙服务，把全流程打通，让对学英语有需求的用户，都能在轻课找到自己的学习方案，并协助用户调整自己的学习节奏，把课程学完，真正获得提高。

永远要相信，所有可能跟用户接触的地方，自己能掌握的一定是最好的。如果还不是最好，那就要在列好优先级的情况下，不遗余力地优化、优化、优化到极致！

这三点认知，将在接下来的时间里，推动轻课的发展，让轻课一步一步、扎扎实实地变成**最有影响力的在线教育品牌。**

二、关于管理的近期体会

小时候，我总会这样想，以后要是能当大官、当老板，成为有钱人就好，天天可以指挥人命令人，还有好多好多钱花，想想心里真的好激动！但是，自己真的当上 CEO 的时候，我才发现，虽然我可以有好多钱花，虽然我可以一句话就让一个人找到工作或者丢掉工作，虽然我不请假不会有人给我打电话，更不会有人敢问我去哪儿了，但我一点儿也不能任性。每天，我都要战战兢兢，如履薄冰，随时保持危机感。我说过的任何一句话，做过的任何一件事情，都可能会造成不可挽回的损失。

不是先给你好的回报，你才可以做一件事情，而是先做好一件事情，你才能有好的回报。多少人活了一辈子，都不能理解这简简单单的一个道理。

轻课团队近期在部门分工上有变动调整，也在团队架构上有分工调整。在我们的“部门总监—业务经理—执行者”的架构下，有很多新晋的经理，也有很多的岗位还空着。在这里，我结合自己的感受，对每位管理者及非管理者都说几句话：

1. 不是你做管理者了，就可以任性，可以一人吃饱全家不饿。希望你能正视管理岗位的责任和权力。在这里，我先放话，现阶段所有的管理者，将来一定会有流动，希望大家保持好心态，保持危机感，保持成长的速度。

2. 如果你还不是管理者但希望通过自己的努力成为管理者，没关系，轻课为大家提供了充分的沟通机制，重视每一次与用户的接触，重视每一次周会周报的输出（大家的产出我都会观察记录），重视每一次提升自己、提高能力的机会。我的目标是在自己最有干劲最青春的年华里，把轻课做成最有影响力的在线教育品牌，那么我绝对有责任把最优秀的人才放在最合适的位置。

3. 轻课是有人文关怀的团队，我们会包容大家成长过程中的一些问题，并且会思考每个人犯过的错，思考我们自己是不是存在做得不到位的地方。但轻课也是一个有使命和价值观驱动的团队，我不希望加入轻课团队的小伙伴，只是“表面上”认同我们的价值观。我要为轻课整个团队的梦想和成长负责，而不是面面俱到，对停滞不前者和害群之马一忍再忍。

以上，是近期管理的一些体会。说给大家，也是说给我自己。希望与各位共勉。

三、再讲一个细节

这个细节真的很小，但这个细节又非常重要。那就是，**收到消息后确认并回复收到，对待办事项类，应主动回复完成日期。**

类似的场景有很多，包括微信群里对消息的确认、日常工作中对收到的确认、在邮件中对收到的确认，甚至写周报后的评论等。这样的场景中，可能有些人会有这样的心态：

发送者 OS：消息发出去，就不让大家一个个回复确认吧，也怪麻烦的，给对方增加工作量。

接受者 OS：哦，看到了，反正没有要求回复，而且有其他人回复了，我就不回复了吧。要是事后没做到，还能说自己消息太多没看到，不用承担责任，就不给自己挖坑了吧。

如果你还是大学生，还在社团里，你这么想情有可原。**但如果你有基本的职业素养，那应该在工作中养成“回复确认，同时主动给别人发送‘确认收到’”的习惯。**

我们可能不能要求其他公司做到，不能要求我们的合作伙伴做到，不能要求其他利益相关方做到。**但在这里，我希望，轻课团队每个人，在做内部沟通的时候，都务必做到。**并且，让团队都做到，首先我会要求自己做到。

貌似在华为有一种文化，一件事情发送给你，不论级别，都必须在12小时内回复（除非在跨国飞机上），这样可以保持整体的高效决策和执行。今天，我在这里再次强调这个细节，也是希望轻课团队随着人员和沟通的增加，执行力能够一直保持最强。

本周的周报大概就这么多。这次，我从大家的周报里看到了不少对公司的发展建议，有一些我们就直接采纳执行了。希望大家能够保持好这样的态势，鼓励说“真话”，鼓励说“建议”，不要“报喜不报忧”，做到坦率、激进。

2017 年第 10 周

北京·紫光发展大厦

谈谈领导力

随着团队人员越来越多，管理团队的培养迫在眉睫。这篇周报谈了谈领导力，有时候，看到一些团队领导的管理真是让人很心急，很心痛。但这也很正常，年轻的团队，就是会这样。因为一些机遇，有些人快速当上领导，

领导能力不够，就可能会是这样。

在跟有经验的创业者聊的时候，对方经常会说，Alex，你要明白你的比较优势是什么，你跟那些四五十岁的创业者打，对方的管理能力一定比你强，你怎么打得过别人。

现在再看这篇，谈到领导力和管理能力，深感不易。有时候，我会庆幸自己是在一个全新的领域探索，而不是在一个已经成熟的行业拼团队效率和管理能力，否则作为一个年轻的CEO，很难长期生存。

不知不觉，2017年已经过去了一个季度。互联网公司流传这么一句话：“在移动互联网时代，三个月就是一年。”本次周报大部分人都回顾了过去两周，如果再放宽一些维度，过去三个月里，大家的成长怎么样，大家的思考怎么样。

受大家所感而启发，以及对本次团建的体会。**本次周报，我将分享的关键词就是“领导力”。**

最开始接触这个词是上大一的时候，在一个特别洋气的学生组织“AIESEC”（国际经济学商学学生联合会）招募宣讲的时候，各种主席和副主席就在不断地说一些特别高大上的词，其中有一个就是叫领导力，英文叫leadership。

作为一名大一新生，我当时的感受就是领导力是当了领导才需要的吧，好像跟我没啥关系，这个我就忽略吧。

在后来，我参与了很多团队。在创办了很多团队的过程中，我才发现，领导力不仅仅是一个领导所需要的，很多时候作为团队的一员，也需要在日常工作中不断培养自己的领导力。这更多的是一项职场基本能力，与职位无关。

当然，如果你有机会作为team leader，在这方面的培养和成长肯定相对会更快。

我曾经看过一张图，图片如下。我对这张图的印象特别深，在做各种项目的时候，也一直在反思自己，能不能成为一个合格的 leader，会不会是别人鄙视的 boss。

在刚创业的时候，我听到“顺顺留学”一位联合创始人谈及领导力，他认为领导力用英文诠释就是“make it happen”（**让事情发生**）。这句话如果可以更长一些，我觉得应该叫“let’s make it happen”（**一起让事情发生**）。是的，这就是让团队成员一起把一件事情做成、做好。

可别小看把一件事情做成、做好的难度。

如果你的团队里都是厉害的人，那么他们肯定有很多事情同时在做，你凭什么说服他们投入精力参与，并且让他们能够互相信任，并在信任的基础上每个人都投入 100% 的精力来做？

如果你的团队里都不是厉害的人，那么你怎么样让他们快速成长？你是直接放弃，还是给他们机会不断尝试，但是有可能你要承担最后项目失败的风险？

你打算按照什么样的节奏来做这件事情，怎么样平衡好各方关系，如何

分配好利益，如何消除不信任，做到尽可能公平和公正？

在一家公司，每个人都存在领导与被领导的场景，但有些项目组因为一些人的存在，就会优化很多。而有些团队，可能过去了很久，也不见后续。这个团队可能是三个人，也可能是两个人，甚至还有可能是一个人。结果的体现就是是否能够“make it happen”。**那么，你想不想成为那个，只要有你在，就能把事儿办成的人？**

领导力如果展开，可以讲很多。这里再次推荐**《高效能人士的七个习惯》**：

积极主动；

以终为始；

要事第一；

双赢思维；

知彼解己；

统合综效；

不断更新。

这是销量超过亿册，被誉为商业“圣经”的一本书。这本书的阐述非常全面地道，文中提及的“积极主动”是自我领导的原则，“双赢思维”是人际领导的原则，在任何阶段看，相信你都会有很大的收获。

接下来，我将再结合周报，对一些有意思的提问做一个解答。

有人在周报里头说，自己在上一份工作时喜欢做事情，不喜欢邀功，不喜欢在大领导那边表现，结果后来发现自己的功劳都被经理据为己有，大领导以为所有的事情都是经理做的，最后提拔了经理，而自己却不受重用。所以，在周报里面想问问会不会在轻课也碰到这样的情况，如果领导是这样，那应该怎么办？

我想说，**首先看体制。**如果你是在体制内或者大公司，在一个不怎么更新，也不太有活力的组织架构里，那么这样的情况很可能发生。因为对这个领导来说，做得好不好不是谁做得说了算，而是怎么包装汇报得好说了算。

所以，这种体制下的领导没有动力来重用真正的人才。往往是溜须拍马，善于搞裙带关系，有后台有背景关系硬的人，才能取得领导的欢心。

如果是在创业公司，领导是为整个团队的业绩负责，业绩不好公司谈何发展，铁定是要倒闭的。一个领导表现成这样，那简直是企业毒瘤。

所以，我希望大家能明白，对一家创业公司而言，健康良性发展在于:

一、建立起一套价值观和企业文化。长期来看，公司与公司的战争就是价值观和企业文化的战争（国家也一样）。只有价值观正确，所有事情才会是良性的，这将逐步体现在业绩上。如果价值观不正确，再有才能的人也会心灰意冷，执意离开。另外，价值观是生死线，阿里巴巴所坚持的价值观，微信团队所坚持的价值观……这些是他们能做那么大的基石，都是不可撼动的。

二、建立起一套沟通机制。让每个人都可以充分、平等地表达，倾听每个人的声音，让金子有机会发光。

三、识别哪些人做的事情是**功劳**，哪些人做的事情是**苦劳**，哪些人做的事情是**徒劳**。

认识到以上几点，并不断地去做，去实践，去坚持我们的价值观和企业文化。这样的团队才能不断优化，健康发展。

然后，我跟大家讲一讲本次**团建的心得**，以及我们近期的工作重心。

本次团建，大家都见识到了很多人不为人知的一面，发现原来团队里还有那么多有意思的人。虽然团建的套路不深，从选队长，搭建班子，完成各项任务到小组集体展示，这几点在许多团建中都会用，但是屡试不爽，因为在其背后往往也有非常核心的成立逻辑。

我们最近的线上打卡活动，也有比较大的突破，包括“大班长—小班长—微信群成员”的管理体系，以及我们的整套班长体系。其实对轻课来说，班长团队如果做得好会成为我们很大的一个壁垒，也会为我们的**销售、助教、纠音师、小老师**提供源源不断的人才。

我最近也在思考，其实我们社群运营的整套流程，也是对于一个群的“线上团建”，包括群内氛围的调动及群内成员的挖掘。我们把每个加入社群的群成员都做一套这样的流程，这将会是非常好的用户体验，整个轻课班长团队也会成为一个极其有活力的团队，为我们各项工作的开展带来更强大的推动力。

班长团队的建设将成为快速增长后的重要运营契机，以及会成为我们和其他友商拉开距离的重要壁垒。接下来我们还会投入更多资源，**把这支队伍建设到极致。**

最后，再次强调“轻课”的品牌意识。做教育就是做品牌。我们的各种对外宣传推广、口径等方面，都需要加强“轻课”的出现次数和出现位置。希望通过大家的努力，把“轻课”做成中国最有影响力的在线教育品牌。加油！

2017 年第 12 周

北京 · 紫光发展大厦

对吐槽文化的思考

站在管理者视角，我经常听到很多的“吐槽”声音。在当时，有少数同事吐槽起领导和公司，也是一把好手。团队大了，一定会这样。你现在的团队，你过往的团队，是不是都有这样的人呢？你会不会也受他们的影响呢？

针对当时公司日益盛行的“吐槽”文化，我写了一篇关于这个话题思考的周报。

全体轻课同事:

过去的一个月，在增长和运营小伙伴的全力推进下，我们在用户增长和用户活跃上取得了重要的进展。这也让许多用户加入轻课并养成了良好的打卡习惯。在这里，我向夜以继日奋斗在一线的增长组所有小伙伴予以表扬和感谢。

这次交周报的时间，恰逢也是制定 OKR 的日子。今天与各位经理过了一遍我们 3 月的 OKR 完成情况，在这里不再赘述。借着这个机会，跟大家说一说 4 月轻课的目标:

O1. 在新的增长和活跃模型的基础上，进一步推广，综合提升打卡及转化率，实现 4 月 400 万销售目标。

KR1. 进一步推广新的增长活跃模型，实现 4 月 30 日每天小伙伴后台的消息发送人数突破 15 万；

KR2. 优化运营转化路径，4 月实现 400 万销售目标。

O2. 快速推进一对一业务的发展，实现教学测评、教学内容、教学服务的学习闭环，实现相关人员配置及内部运营流程优化。

KR1. 测评系统上线，并可以批量化、准确描述学员英语能力；

KR2. 深入参与一对一运营事宜，并为相关工作推进做支持；

KR3. 教研团队继续发展，继续开发一对一相关课程等。

O3. 在财务、人事、日常业务上继续为公司提供运营保障。

KR1. 确保公司日常运营有序进行；

KR2. 提升公司管理水平与管理能力；

KR3. 控制合理的人员流入与流出，进一步提升团队战斗力与专业能力。

OKR 意味着目标，意味着压力，但也更意味着突破，意味着对目标的

坚定。每次设定 OKR 和考核 OKR，我自己也会脱一层皮，觉得自己挖的坑还不是一般大。但做好 OKR 体系，其实也是对自己的自我管理；一个团队一起做 OKR 的体系，也是在有外部压力的情况下的自我逼迫。相信这样的管理模式能够一点点、一步步让我们成为更好的自己，让轻课成为更好的轻课。

今天在经理周会上，不少经理都提到了公司的一些问题。我也分享了一下，近期对公司日益盛行的吐槽文化的个人思考。

首先，我觉得吐槽是无处不在的，任何人任何组织都不可能避免吐槽的存在。吐槽是一种人类的本能。

另外，吐槽还可以是人与人宣泄情绪、拉近关系的一种重要方式。在很多情况下，你跟别人还比较生疏的时候，一起吐槽某件事往往会迅速让你们成为朋友。

吐槽还可以是一种经济，AcFun、Bilibili 视频网站就是吐槽弹幕带动起来的。很多人去 A 站或 B 站都是围观网友吐槽。诸多热点话题包括逃离北上广、批判房价过高等，之所以能获得那么大的关注度和传播，本质上也是对一类现象的吐槽。

对于吐槽，我有一些个人的看法，并不是要在公司内杜绝吐槽，而是希望大家能够更辩证地来看待这个问题。

一、吐槽容易，做事情难

一个人做事情，就是权衡利弊，得到最优解。最优解不是完美的解，它是有瑕疵的，它是在有限时间、有限资源内必须把事情办完的情况下，必须做出的决策。

在互联网时代下，速度和先发优势是一个很重要的变量。任何创业都有窗口期，很多决定一个行业数年甚至数十年的战役，往往是在几个月内打完的。所以，扎克伯克凭借强大的执行力以及极快的做事速度，创办了Facebook（脸书）。尽管一开始 Facebook 的美工不好看，功能也有限，槽点很多，但你不得不承认，人家现在是一家数千亿美元价值的公司，统领着全世界的社交媒体网络，成为世界第二的流量帝国。

吐槽归吐槽，我们还是要把敬意献给每一位执行者。比起挑毛病，把事情做出来更实在，更值得尊重。

另外，有一个很重要的词叫“建设性意见”。这是对于吐槽之后，真正站在执行者角度考虑，为执行者提供的建议。你在吐槽后，加上自己的“建设性意见”，会让你听起来更负责，思考更有分量。

二、争论太少，吐槽较多

这个是轻课目前团队的一个现象。现在来看，这可能会成为我们团队文化健康发展的一个重要制约。

先表个态，轻课鼓励有争论，允许有争吵。直接的思想碰撞比起私底下的吐槽要更坦诚、更有效。

那么允许争论和争吵之后，还有很重要的一点，就是希望大家能够注意表达自己不同意见的各种方式。咱们要讲道理，不要发展成吵架。当然，我相信大家通过轻课的面试，基本的素养还是会有的。那么在表达方面，有一些东西要注意，最主要的就是“对事不对人”，千万不要把描述事情和描述他人扯到一起。在很多国外的法庭或议事规则里，大家辩论的时候是面向法官、主席，而不是争辩的对方。因为激烈的争辩很容易让双方不自觉地进入人身攻击，到最后大家都会维护自己，而不是维护真理或正义。

在轻课的价值观里，有一句话叫作“用户思维”，我们的价值体现在为用户提供的价值。在这里，我希望大家以后的争论，应该建立在如何更好地、更多地服务用户，而不是维护自己，一再证明自己的正确性甚至为自己狡辩。

当你意识到自己错了后，坦然承认才能赢得别人的尊重。

最后，再强调一次：

轻课鼓励大家坦诚沟通，鼓励大家就一件事情争论，鼓励大家低成本快速尝试各种新的想法和新的模式。轻课允许有失败，允许有争吵，允许有摩擦。只要我们的价值观一致，所有这些经历都会成为我们对用户的理解、对性格的打磨、对成功的积累。

三、反省自己，正确对待他人

没有完美的个人，只有完美的团队。

对于一个团队，内因是价值观、企业文化、团队执行力，外化是团队业绩、品牌知名度、用户好评美誉度等。一个团队的成长，包括团队每个人的成长，以及团队里所有人关系的成长。

有一句话是“人的本质是一切社会关系的总和”。对在北上广打拼的各位来说，工作占据了绝大部分的时间，所以和轻课团队里头每个人的关系，都在另一种程度上决定了你的存在。

我希望每个人在吐槽他人的时候，也能够想一想：自己会不会成为被吐槽的对象，自己在每件事情上做得怎么样？我们在这件事情里面是不是也有错，是不是也进一步促成了我所吐槽之事的发生？

一个团队成员在团队中，有两个维度来评判他的优秀与否，一是其创造的价值，二是给团队带来的能量。价值可以是很好的业绩，也可以是无用功，与能力相关。能量可以是正能量也可以是负能量，与价值观以及作用方式相关。如果一个人在团队中，既不能创造价值，又不能传递正能量，那么让这样的人继续待在团队里就是一个错误的决定。

希望大家也可以参照这个维度来思考一下：自己每天的价值怎么样，能量怎么样，是不是在每天调整，每天改变？反省自己，才能善待他人。

坦诚与自己沟通，坦诚与他人沟通。

以上，是我自己对吐槽文化的一些思考。吐槽是本能，我们不会去压抑每个人的天性。希望大家在吐槽的时候，能做到以下这几点：反省自己、理解他人、坦诚沟通、提出建设性意见。相信在每个人的坚持下，我们一定可以更好地去营造一个更好、更有活力的团队氛围！

新的一周，你我一起努力。

2017 年第 14 周

北京 · 紫光发展大厦

对周报制度的重新思考

周报制度实行了一年半，这次对周报进行了一次新的思考，结论是公司的思考和反思文化，要继续坚持下去。

各位轻课同事：

1. 请认真对待周报。

周报在轻课团队的历史悠久。在 2015 年 12 月 15 日轻课平台上线后，我就在琢磨：

(1) 写周报对团队每个人的成长以及互相协作，有没有帮助？

(2) 我自己能不能以身作则带头写，强制自己输出和成长？

(3) 每个人的周报我能不能都看完并回复，再忙再累，也要对得起大家？

抱着试试看的态度，在一次讨论上我提出了周报制度这个想法，也推动了此事。沿用至今，该制度已经成为轻课团队里一种不写在墙上的团队文化——定期反思、定期总结、定期沟通。

随着周报越写越多，我自己逐渐发现，这其实是一种非常好的机制，来提升自己的语言组织、逻辑思维和总结复盘能力。有一个词叫“作者模式”。这个“作者模式”是相对“读者模式”而言的，看别人的内容总是会无感，真正让你快速融会贯通，其实是自己把这些内容一个字一个字写出来。这是最高效、最彻底的学习方式。

当然，如果你不认真对待周报，草草了事，相信你也不会觉得它有用，甚至在每次提醒周报的时候，都会想：唉，怎么又要写周报，事儿都没忙完，好形式化的东西啊，随便写写凑字数吧。

你的人生便是这样。你认真对待，它便会给你应得的回报。你随意对待，那么你的人生也就随随便便过去。

2. 关于《轻课团队周报手册》。

周报制度到现在为止，光我自己写的周报，一共有30多篇，累计10多万字。一次很巧的机会，我还发现周报制度原来还有另外一个好处，就是可以让新来的小伙伴通过周报，对轻课团队的战略、价值观、文化、氛围、理念，甚至一些制度和细节，以一种高效、快速、生动的方式，做一个深入的了解。

最近，轻课团队有不少新入职的小伙伴，由于轻课的周报从Tower转移到了邮件，因为这次的转变，过往大家产出的周报不再方便回看和翻阅。接下来，我们也会投入时间、精力，把一些重要的周报整理出来，做成一本**《轻课团队周报手册》**，定期更新。同时，我们会摘录一些经理和员工写的优秀周报。所以，**希望大家能够务必重视每一次写周报的机会，尤其是各位经理。**

3. 一起加油！

以前人人网兴起的时候，经常会有人总结很多有用的干货、鸡汤、成功学等内容。我为了给自己打鸡血，还把一些句子打印出来，贴在墙上，每天一睁眼就能看到。这其中有一句话让我印象深刻。虽然每次我赖床不去上课时都会看到，并且已经看得麻木了，毫无感触，但现在，每次想要懈怠的时候都会用这句话警醒自己。这句话是这么说的（大家可以百度一下这句话的来源）：

I leave uncultivated today, was precisely yesterday perishes tomorrow which person of the body implored.

我荒废的今日，正是昨日殒身之人祈求的明日。

如果说互联网的上半场，我们这代人基本错过了，那么对正在到来的下半场，希望能够与各位共同把握。这千年未曾有过的机遇，让我们一起干出一片天地！

最后，附上在15个月前，轻课刚刚上线后，我们周报制度施行以来，我在Tower里头写下的第一篇周报。我自己看15个月之前自己写的东西，心里其实有很多的感慨。虽然那时候，我们没多少人，也没有多少钱，但每个人心里都怀着简单的梦想。移动互联网时代，每3个月就是一年，15个月就是五年。我们经历了很多，也成长了很多。我更相信，未来的一年、两年、五年，轻课团队每位小伙伴都能够在这种氛围的带动下，一起成长，起实现价值！

共勉！

2017年第17周

北京·紫光发展大厦

学会区分事实与观点

公司发展的过程中，很多人容易被带偏或忽悠，内部的沟通也没有效率，主要原因就是还没学会区分事实和观点。结合一堂网课，我写下了这篇周报。

本次双周报我跟大家分享一些个人心得。这个心得是源于前几天我听“得到”音频课的时候刚好被说起过（详见《五分钟商学院》——区分事实与观点）。这让我很感慨，在这里一并与大家谈一谈。

首先说说五分钟商学院中对于这个话题的引入：

如果你跟别人聊天，说到天气，你说，今天很热。那么这是一个事实还是观点？很多人可能会觉得，天气不外乎就是冷、热、适宜等，天气很热，这明明就是一个事实。

错。天气很热，这是个人观点，而不是事实。有可能你觉得热，但是非洲人觉得不热，而因纽特人觉得热死了，简直不能让人活。这只是你对于天气的观点，并不是天气的事实。

如果真的要讲事实，那么应该说，今天气温 25 摄氏度。这样任何人都能够明确地知道，到底是怎么回事。

这个比喻非常精妙。其实在日常沟通，跟人打交道的过程中，我们总是会不经意地把事实和观点混淆，或许把观点当成了事实，或许把事实通过各种形容词描述成了观点。在这里我举两个例子：

- 这家创业公司发展速度惊人，一年就能做到 50 万用户。
- 这家创业公司发展速度太慢，一年时间才做到 50 万用户。

我在日常跟别人聊天，以及看各种媒体消息的时候，都会发现这样的描述。同一个事实，两种不同的说法，就会产生两种完全不同的意思。以上的例子，相信大家在日常的沟通中，在输入信息和输出信息的时候，都会难以区分事实和观点，甚至说着说着就被带跑了（年轻人经常会犯的错误）。辩论赛就是一个极端的场合，往往某一方说得越多，那么听众被带跑的可能性就越大。所以这一次，我就跟大家谈一谈我自己是如何分辨的，以及延伸的一些思考。

心得一：分辨事实与观点，提升认知能力

人在这个社会上生存，一个很重要的能力就是鉴别、认知每天所接收的各种信息，进一步认知自己，进一步认知这个世界。在接收信息时，如果我觉得有必要的话，我会做以下几点。

1. 尽可能听多方意见。

兼听则明，偏信则暗。很多时候你所接收到的信息，都是经过筛选、过滤，并加以个人主观情绪的信息。

创业圈时不时就会弄出个大事件，就如前一段时间，一家游戏公司担任技术高管的一位早期员工的妻子，在其跟CEO讨要股份失败之后，写下的一篇阅读量达百万级别的吐槽文章；又如这两天刚刚发生的，空空狐的投资人 昆仑万维的周亚辉对空空狐CEO余小丹的控诉文章；以及前几天传爆创业圈的空空狐CEO控诉投资人夺走公司的文章。以上事实都是客观存在的，但是对事实的选择性描述，把情感以及主观情绪夹杂进事实，用词的褒贬，都可能导致认知扭曲、判断失误，造成不应该的后果。

2. 脱离描述，分析动机。

领导人说，这是市场化经济的时代，每个人都可以通过市场的力量来改变这个社会，实现自己的梦想，实现共同富裕。文人愤青说，这个社会，有

钱有什么大不了的，有钱能买快乐吗？悲观者说，有钱能使鬼推磨。在监狱的贪官说，我是穷怕了，所以才贪的，钱真是世界上最肮脏的东西。

以上几句话，都是当今社会对货币的描述。领导人出于经济发展和政绩GDP；愤青出于对自己无能的掩饰，吃不到葡萄说葡萄酸；悲观者已然接受了命运，出于对自己命运的无奈说出此话；而贪官则是对自己的开脱和解释。这其中，每个人的潜意识都包含着对货币的追逐（人性逐利这一事实），但不同人说出来的话就完全是不一样的意思。所以，分析动机可以让你拨开云雾，更深刻地区分事实与观点。

3. 挖掘隐藏信息，不断追问、追问、追问。

很多时候，我们是不具备条件来询问多方意见的。那么，如果有条件的话（这也是日常密切沟通的重要之处），你需要找到对方不断追问。

就拿创业公司一年发展50万用户这个例子来说，假如我说起这家公司发展速度惊人，一年就能做到50万用户，这个时候你要区分来看，一年发展50万用户是事实，发展速度惊人是观点。

你不要轻信了发展速度惊人是对的。你应该问，这50万用户是如何计算的？承载于App还是微信公众号？微信公众号的话，是目前的粉丝数，还是累计关注的粉丝数？这50万用户，新增的速度如何？这是一次活动新增还是每个月都能够有新增？为了新增这50万用户，公司付出了多少成本？这个成本能不能收回？是强制内部发文要求关注，还是粉丝自动关注？50万用户中每天活跃的有多少？同一个行业里，过去一年做到50万用户的多不多？……在筛选信息并不断追问其他隐藏信息之后，你才会距离真正的事实越来越近。

我自己的经验，我所知道的信息，都是别人想让我知道的信息。大家所知道的信息（包括这封周报在内），也都是别人想让你知道的信息（这封邮件是自身经验分享，同时希望大家能够更好地分辨以及处理信息。轻课年轻员工太多，很容易被人说风就是风，说雨就是雨）。人对于事物的判断，很多时候都是来自日常对事物的认识。希望大家在看完后，能够更清楚地处理、分辨工作场合的所有信息，更清楚地认识自己，认识这个世界。

心得二：如何从日常沟通中判断一个人、一个团队的虚与实

我们经常会说，这个人很实在，或者那个人很虚等。用一句话总结，在沟通中说清楚事实和观点，或者大部分都是说事实基本不说观点，这样的人是比较实在的人。而一个人只说观点，或者带着个人主观的形容词说事实，结果一追问就发现观点与事实根本靠不住。这样的人就是我们所说的比较虚的人。实在的人，我们会容易相信他，沟通成本低，不用防着。虚的人，我们会觉得这家伙满嘴跑火车，说的十句话中九句不能信，沟通成本高。

我在这里希望，轻课团队每个人都能够实在一些。这点反映在沟通方面，就是每个人都能够直接说数据以及其他有用的事实。譬如我问，上个月 ×× 卖得怎么样？我不希望听到这样的回答：卖得挺好的、卖得还行、卖得一般，然后就没有然后了。每次听到这样的回答，我其实都想说脏话。我希望，你能够回答，上个月 ×× 产品卖了 20 万，在所有产品中排名第三，一共卖了 20 天，在新课里头属于卖得一般的。可能原因是 ××，这个月打算再 ×× 操作一下。

主动、坦诚、不逃避、不掩饰，这样的沟通方式可以降低很多的沟通成本，让整个团队也更加高效。

心得三：事实之于业绩，观点之于价值观

在以往的会议上，我经常会跟大家强调业绩与价值观。业绩是事实，价值观则更多偏向于观点。这两项也是很多创业公司通用的评判人才、评判团

队的两个标准。

一个团队既要有硬性的业绩，有产品、有收入、有日活、有黏性，同时也需要每个人都有着正确的价值观。谷歌的不作恶、腾讯对用户体验的追求和对产品的打磨、阿里的中供铁军不达目标誓不罢休的决心，这些价值观是整个公司的核心驱动力，也是公司到了一定规模后，比起制度更好的管理团队的方式。

又有好的业绩，又有好的价值观团队，在市面上是不多见的。投资就是投人投团队，一流的团队可以把三流的商业模式做成一流，我在整个轻课的发展过程中也是深有体会。项目三要素包括人、钱、方向。最珍贵的就是人。因为优秀的人可以找到钱，优秀的人可以不断调整方向、优化团队。

以上是我个人对即将实行的管理模式的一些思考，之后的管理也会围绕业绩和价值观来不断展开。

另外，从本月开始，我们的双周报调整为月报。调整的原因主要是人员增加，每次周报的成本也在不断增加。虽然周报的频率调整了，但希望大家反思自己的频率和深度要继续保持甚至加强。接下来，期待与各位共同进步！

2017 年 5 月

北京 · 紫光发展大厦

人生的意义是什么

这篇周报是本人和团队小伙伴非常坦诚的一次分享。

关于人生意义，非常掏心窝子的一个分享了。

当时公司已经敲定了 A 轮融资，特别开心。但当时公司的状态其实不是太好，招了很多人，但是没有产生该有的结果，营收规模没有增长，成本不断在上涨。虽然还是能够盈亏平衡，但内心十分焦虑。

在又欣喜又焦虑的状态下，我写下了这篇对于人生意义的思考。

本次周报，我想跟大家聊一个很大很大的话题——人生的意义是什么？

这个有一点哲学论调的问题，就跟前阵子很火热的校园门卫人生三大问（你是谁？你从哪里来？你要去哪里？）一样，让人在想着回答的时候，都有种细思极恐的感觉。很多时候，我们每天忙着工作、忙着享受、忙着挣钱、忙着花钱，忙着按照预设的轨迹生活：高考、毕业、找工作、结婚、买房、生娃、又是高考……在这样的循环下，你会不会停下来思考一下，这辈子我想活成什么样？活出什么意义？活出什么价值？

我是一名创业者。在 10 多岁我开始有自己想法的时候，我就觉得自己不能甘于平庸，这辈子要轰轰烈烈大干一场。对我来说，这十年里的每一步，每一条路，都是基于当时的想法。现在很多人觉得我天天加班很辛苦，但是我自己一点也不累，反而乐在其中。反观我在体制内蛰伏的时候，毕业不久就能轻轻松松拿到二三十万年薪，但自己一点也不开心，也不快乐。

当然，以上是我自己的想法。对人生，每个人都会有自己的定义，轰轰烈烈也好，平平安安也罢，最终的归宿都是入土为安。那么，人活着究竟是为了什么呢？

有一句话很触动我，具体怎么说已经不太记得，在这里用我自己的语言分享给大家。

人生的意义，就是你能够找到并且坚定地认可一种对自己生命的定义，或追逐成功，或平平淡淡，或周游世界，或就是为了某个人某件事。

只要你认可它，并为它活着，那就是你对自己人生意义的实现。

本周末，轻课团队的管理层开了个会。会议上，我们对公司的使命和愿景做了很多的分享和讨论。在这次会议上，我第一次听到每个人为什么选择互联网，为什么选择教育行业，为什么加入轻课。听完我有很多感触，也想起了当时为什么开始创业，为什么一直坚持下去。

2015 年 8 月，我们刚刚拿完第一笔融资。我和合伙人们决定跳入这个时代的浪潮里，全职创业。

当时我们的名字叫思享空间。我们开创了国内微信讲座先河，并在不到半年的时间，组织了 100 多场线上讲座，累积了 20 多万的粉丝。我自己也目睹了大批的大学生、职场白领，像潮水一样涌入公众号，希望拉近自己与大牛嘉宾的距离，渴望改变自己的命运。这种愿望非常强烈，以至于有一场 CPA（注册会计师）的讲座吸引了上万人报名。当时，我们纯手工操作，十多个人看着手机，眼睛都快瞎了，但用户还是不断涌入，不断要求报名听讲座。

希望改变自己命运的人如潮水一般涌入，在思享空间他们收获了很多他们需要的经验、技能。有一次问卷里，我们征集了大家对我们的建议，这份问卷有上千人填写，数十万字的建议我都一字不落地看了下来。很多人都在讲座里表达了对我们的感激之情（还有用户留言说，在思享空间找到了自己的另一半，已经领证)。这些评价我们每天都能接收到，也让一直没有收入的我们不断坚持，不轻言放弃。我们自己就是通过教育改变的命运，这种改变我们真真切切能感受到。

全职创业后，思享空间改名为轻课，我们开始结合技术和产品的力量走向正规化。决心用自己的努力，让更多人通过学习、通过教育改变自己的生活和未来。

取名"轻"，是希望能够改变大家对于教育、课堂、学堂、学习的一贯理解——重启动，不想学。学习是需要花时间的，甚至某种程度上是带有一定痛苦的。我希望把学习变成一件轻松快乐的事情，或者虽然它本质上是痛苦的，但是可以通过我们的努力，让它痛苦的程度减少、减少、再减少，让学习变成每个人生活的一部分，不论地域、不论年龄、不论贫穷与富裕。

与各位一起做成这件事，便是我人生意义所在。

在轻课，有很多非常优秀的同事。他们行胜于言，有很强的执行力，有很强的自驱力，有很强的用户思维。他们为轻课的学员提供了一流的内容和服务，为轻课的成长做出了巨大的贡献。与此同时，他们自己的能力也有对应的提升。

对每一位这样的同事，我都希望能够给予他们超出市场的回报。同时，快速发展中的公司也在不断建立各项机制。希望每位轻课的同事，都能够有更明晰的晋升通道，以及职业发展路径。

本周末，轻课的管理层一起讨论了轻课团队的晋升提拔机制，相关的方案将会近期出炉。善待每一位轻课的同事，让每个人的善意和潜能都得到最大程度的激发，这是我的目标。为此，我将不懈努力。

同时，我也希望每一位轻课的同事，都请记住：轻课是一家开放、年轻的创业公司。

我们在很多制度上，会给予大家尽可能多的信任、权限以及空间，包括我们各项数据的逐步透明化，包括我们对中层的放权，包括我们的不打卡制度、午休、加班晚餐餐补、滴滴企业账户等。随着公司发展，各项福利也将继续完善。但如果你只是希望得到一份钱多事少福利多的工作，那么我想说，你不适合轻课团队。

轻课是一家不断成长的创业公司，这种成长和学习的氛围，任何一位成员包括我自己都不能破坏，都必须坚持。

最后，我跟大家说点题外话。我大学时候有个同学，是跟我一起上游泳课的同学。在和他接触一段时间后，我便感觉到此人不简单，甚至在大二的一个夜里，为他通宵写了一篇日志。

再后来，听到他说的一句话，对我自己影响很大。这句话是这么说的：

“人短期内会为自己做错的事情后悔，但长期会为自己没做的事情后悔。”

仔细琢磨一下，真的很有道理。在即将公布的新版轻课价值观里，也有一句话就是“敢于创新”。

敢于创新是一种态度。哪怕知道可能希望渺茫，但仍要尝试，仍要去做。当然，对于新业务探索，我们会有一整套的方法论，包括 MVP 思想、成本控制等。但是希望在轻课团队认可和传递的，是这样一种不断折腾、不断试错的态度。

因为有些事情现在不做，一辈子都不会做了。

2017 年 6 月
北京 · 紫光发展大厦

第二次搬家：向死而生和以终为始

轻课的 A 轮融资是 2017 年 4 月的时候敲定的。这一轮融资，是经纬中国和腾讯双百投资的。基金的品牌非常好。

在 2017 年 7 月前，我们拿到投资款，然后在 7 月公布。当时在朋友圈引来了一波刷屏。

这篇月报里头提到的“以终为始”，后来成为公司价值观中重要的组成

部分。哪怕到现在，我也在刻意练习自己“以终为始”的思考能力，并根据这些思考来做相关的决策和判断。

在那个阶段，公司人数继续扩张，我们也搬到了新的办公场所，虽然还是同一座大厦，但我们在A座租了一整层。

我还记得当时在完成装修后，看到新租的办公室，心里无比激动的样子，就想着大干一场。

时光飞逝，不知不觉2017年已经过去了一半。我们正式进入了下半年，轻课团队也快到创业的两周年。

本月轻课团队有不少喜事——乔迁之喜，融资之喜。我们融资的首发新闻，在不到一天的时间内收获了7万多阅读（在随后第二天的ofo E轮6亿美元融资获得了12万阅读，足见轻课的业内影响力）。这次融资是市场对我们的认可，更是每一位轻课小伙伴共同努力、共同打拼获得的成就。**在这里向每一位轻课团队成员致敬！**

在一切都欣欣向荣的时刻，我想跟大家提两个思考。

一、向死而生

人活着就是走向死去，这是一个看起来有点悲观的论调。公司亦然、朝代亦然。

很多人只有在生病的时候才能明白健康的重要性，很多人都是在垂暮之年才会懊悔没能在年轻之时珍惜时光，很多公司都是在快要死掉的时候才会深刻反思。

过去十年，搜狐和腾讯的发展就很好地印证了这个道理。从各路报道中发现，马化腾对待成功、对待指责、对待新事物的态度，是腾讯能够不断前行壮大成为中国互联网两极之一的重要因素。

向死而生代表的是一种危机感，是一种对市场、对对手、对用户的敬畏之心。无知和弱小不是生存的障碍，傲慢才是。

轻课团队距离倒闭有多久？如果倒闭了，是因为什么？是什么做错了，还是什么没有做？随着我们人数增多，我们能不能继续保持战斗力，保持执行力，保持我们的价值观？

以上问题，希望大家能一起思考，一起探索。向死而生。

二、以终为始

很多时候我们会觉得不知道每天工作怎么干，不知道未来在哪里。其实我们是缺乏一种“以终为始”的思考能力。

“以终为始”是《高效能人士的七个习惯》中的第二个习惯。这本书非常不错，再次推荐大家阅读。

“以终为始”的英文是“begin with the end in mind”。非常简单的一句话，一看就明白，但是很值得琢磨。

对轻课而言，我们希望以一种全新的模式和手段来占领成人英语这个市场。追求内生增长，追求口碑传播，让优质的课程和服务，真正改变我们的学员。

成人英语拥有广泛的人群，而语言学习拥有良好的付费习惯。在全球化的浪潮下，毕业 20 年以内甚至更久的人群，都拥有学英语的需求。按照每年 700 万大学毕业生计算，20 年一共 1.4 亿人，假如这些人 20 年里有 2 到 4 年的英语学习期，那么每年需要学英语的人就可以达到 2100 万，单个用户每年的 ARPU（每用户平均收入）按照平均 3000 元来计算（还有一些是高单价用户），光挖掘成人自身的学习需求，就是接近 600 亿元的市场。而轻课的目标就是通过移动互联网，占领这个市场，垄断这个市场。

为了占领和垄断这个市场，我们要有最好的课程产品、最好的服务体系、最好的教学效果、最强大的技术产品设计来支撑体系，在这个领域不断做精做专。

当然，以上是公司的“以终为始”。如果各位有时间的话，也可以思考思考，自己团队，或者自己的“以终为始”。

最后，实现垄断市场这个目标，需要市场上最厉害的人才。公司可以做到的，是为大家提供良好的团队氛围和工作环境。在轻课，每个人都有自己的岗位和职责，但我相信优秀的人才拥有的是综合的解决问题的能力。

近期，我们开始在公司范围组织 Workshop。非常欣慰，7 月的产品 Workshop 也有 10 个小组参加。希望参加 Workshop 的小组，能够专心投入，仔细思考分析，藏在每一个优秀竞品后的逻辑和存在道理，也希望下一次 Workshop 能有更多小伙伴一起参加，跳出来，扎进去。

新的环境，新的面貌。大家一起加油！

2017 年 7 月
北京 · 紫光发展大厦

在轻课，人人都是用户

对用户的思考，一直贯穿在我的创业历程中。如果不能为用户创造价值，用户就不会付费，公司也没有赖以生存的基础。

在 7 月，轻课发生了不少事。细数一下，我感觉过去的一个月是创业以来最漫长的一个月，也是各种思考最深入的一个月。在大家的月报中，不少

都提到了轻课的产品 Workshop，以及自身作为用户的打卡体验，我自己也很有同感，在这里与大家一并分享。

一、轻课专注英语领域这个事

如果不提此事，相信很多人都不知道，我们最开始不是做英语的。轻课团队从创立到找到英语这条赛道，花了一年的时间。大家可以看看这个截图，这是我们最初的轻课界面（大家看了之后，应该能理解为什么我们课程界面是一个个的短语音条）。

轻课系统上线后，我们的 Slogan 叫“汇聚优质微信群讲座”，主打年轻人的自我提升。在轻课有几百个优质大咖的讲座，你可以快速汲取到他们的思想、他们的方法论、他们的人生经验。

是不是听起来很美好？

这是看来很顺理成章的事情，但在当时没有任何人说我们应该做垂类，可以去做英语。我们曾经涉足的领域包含创业、求职、考研、留学、美丽、旅行、理财、外语考证等。业务内容涵盖将近十个领域，上千门讲座，几百个优秀大咖。是不是很牛？付费产品就是轻课会员，买了你就能解锁以上所有课程，非常简单。

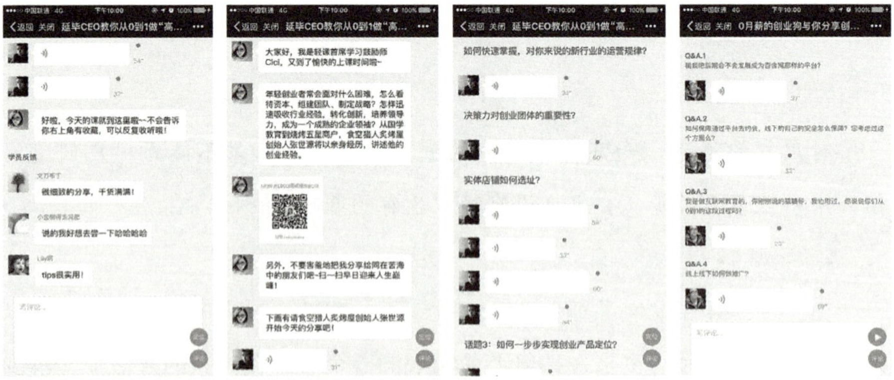

我们当时还有过争论要不要缩小领域，但当时有个意见是，如果用户是因为考研课程购买的轻课会员，那么如果这个平台又能提供求职类课程，那么这个用户应该会很开心呀，觉得自己赚到了呀！

这只是我们一厢情愿的想法。

真实的情况是我们在线下做推广卖我们的会员，弄了个抽奖转盘，有3个人摇到了我们的会员（会员价值365元一年），其中两个主动说不要。

我们找了微商销售，她在跟别人进行微信推销的时候，都不好介绍我们的产品，对方也不能清楚地理解轻课是做什么的，可以具体学到什么内容，买了会员后会有什么实际的回报。

直到我自己开始体验自己的产品，发现一个很大的问题：花了40分钟听完了一场微信群讲座，如沐春风，醍醐灌顶，简直就是听君一席话，胜读十年书。

然后再也没打开过。

在生活中，根本就没有打开当时轻课的场景，也不会因为什么具体的需求，联想到轻课。这是我们当时产品最大的问题——定位不清。

在我体验我们自己的产品之前，我心里隐隐有过这样的想法，但是一直安慰自己说，其实定位挺清楚的呀，就是年轻人的自我提升呀。直到体验过后，我才发现，我一直躲避的或者不敢承认的问题，就是最大的问题。

承认是需要勇气，需要决心的。承认还意味着变革，意味着寻找新的方向，意味着很多业务需要砍掉或者不做（轻课初期为了维持生计，还接过广州一家公关公司零碎的外包项目）。但是一个团队的精力有限，有所为有所不为，才是应该有的态度。

二、最近两个月我自己对于产品的一些感受

之前我对做题、对教学评测、对学习难度不匹配的内容，其实是无感

的。有时候，我可能听到同行有人说这些概念，譬如进门考出门测等十八字秘诀，都有点不屑。

直到两个月前，我自己开始静下心来系统地体验各家的在线教育产品，同时深度体验自己家的产品。这两个月给我认知上带来了很大的改变。

我发现，对中国人来说，做题简直就是一种天性。题目的即时反馈、经验值的累加以及最后出成绩刹那的爽感，与只有听课相比，简直差得不是一星半点。

我还发现，当我学了很久，但是没有学到新东西之后，我会有很大的挫败感，会思考坚持下来是否值得。

我发现，时间是有限的。产品越多越让我有选择恐惧，时间越长越让我无力坚持，一次不打卡之后的不打卡，这种破窗效应给轻课带来了大量的用户流失等。

在经纬中国决定投资我们后，我问他们，为什么投我们？他们说他们的A轮只投人，包括团队的学习能力、对数据的关注、做事情的速度、年轻度等。同时，你们自己就是用户，更理解你们的用户。

这句话对我触动很大。

轻课还是个小团队的时候，价值观只有八个字——“用户思维”与“极致执行”。在之前的一篇周报里头，我把用户思维描述成三点。

一、与用户聊天。通过与一定样本数量的用户深入接触，来培养自己的用户感。目前，我们这一点做得还不够好，为什么？没有时间。为什么没有时间？创业公司都很忙。怎么才能有时间？还能怎么办？与用户交流不一定要等到我们专门来安排一个晚上，大家集体来做客服，这个想法如果能实现当然很好，但不够现实。所以，在这里，我建议各位用任何可能的机会，来跟用户聊天。也许是你在做一次线上微课的时候，发现一个用户在群里特别不一样，你就可以上前跟他聊一聊；也许是你在面试的时候，发现对方属于自己的用户群，你除了判断对方是否适合职位之外，也问问对方对我们这一款产品的建议或体验等。这种用户感知能力，不仅仅是在轻课团队，在任何一家市场化的公司，都是一项非常重要的技能。

二、靠数据说话。我们有 10 万名用户，是不可能与每一个用户都来一次深度交流的，所以在最终判断一件事情成功与否的时候，我们都是靠数据说话。我印象最深刻的一次，是在跟一个其他团队的 CEO 聊天的时候，对方说，这次微课他们做了一种新的报名方式尝试，最后有通过传统渠道和新渠道进群的。为了判断新渠道进群用户的活跃度，他们团队分析了全部微信群里每个用户发言的次数，一个一个用户去记录，一条一条发言来数。最后发现，通过新渠道进入的用户，比传统渠道的用户发言次数多 80%！当时听到他说这个的时候，我就震惊了！！！原来还可以这么做！！！所以，我希望对于精力和时间有限的我们，一定要多把时间放在重要而不是紧急的事情上，很多事情往往背后都隐藏着许多逻辑，对这些逻辑的挖掘和思考，比像一只无头苍蝇那样忙碌要更重要。

三、敬畏我们的竞争对手。在这条赛道上，有不少跟我们处于或者即将处于同一赛道的其他团队。他们当中有很多极具用户思维，极其能够把握用户心理，极其能够调动行为的大神或者牛人。他们对于用户的思考，他们对外做的各种举动，其实是我们快速学习的非常好的途径。所以，公司走得越远，竞争对手也更上一个段位，敬畏他们，成就自己。

我觉得，这次还有必要再加上一条，也是我自己最近感触最深的话——**放下自己的高傲、放空自己的杂念，沉下心来，让自己成为一个普通用户。**

在轻课，人人都是用户。

三、都说要成为一个好的投资人，应该经历一个完整的经济周期

对于一家创业公司来说，要成为一个坚忍、有战斗力的团队，也需要经历一个完整的用户生命周期，必须经历团队状态的起起伏伏，其中包括

创始人在内所有员工自身的认知、理解以及心态，都会有变化，都会有调整。

前几天，我们给大家发放了轻课团队的第一版月报手册。相信有不少人对于轻课的认知，都会因为这本手册而变得更为深刻。月报手册预计将半年更新一本，我们的选文也将从管理团队覆盖到整个轻课团队。

在刚拿到手册样本的时候，我的心情十分激动。这是一件坚持了一年半的事情，也是一个年轻的团队不断壮大的照片，代表着一种不屈的精神，代表着一种生长的力量，茁壮而顽强。

这是一本专属于轻课团队的成长手册，还希望与各位一起，书写未来。

加油！

2017 年 8 月

北京 · 紫光发展大厦

《中国有嘻哈》给我的启发

2017 年年中，一档现象级的综艺——《中国有嘻哈》席卷了朋友圈。我也被这档综艺圈粉，追完了所有的选集。

这篇月报是对《中国有嘻哈》的一些思考。

在过去一个月，我当了一把《中国有嘻哈》节目的忠实粉丝。

每到周六晚上都有个念想，晚上能够看一期新的《中国有嘻哈》，成为创业历程中的“小确幸”。昨天上线了总决赛的视频，《中国有嘻哈》的第一季也告一段落。这段时间，我对节目有很多的思考，结合创业、互联网、内容、产品、传播、赛制等，在这里跟大家分享。

作者模式看《中国有嘻哈》

说起与《中国有嘻哈》第一次接触，的确是个意外。

深夜回家后，我打开电脑，上次看的爱奇艺网页没关闭，于是我阴错阳差点开了综艺频道，看到几个明星的 banner 图片，本打算看个几分钟就关掉，没想到……

这节目有毒……

两个小时，我从头到尾把 1V1 battle 的那一期全部看完，还一直想着看下一期。相信跟我有同样想法的观众大有人在。我对比了一下近期国内几档王牌综艺节目的微信指数（微信指数是微信推出的一款指数产品，对关键词

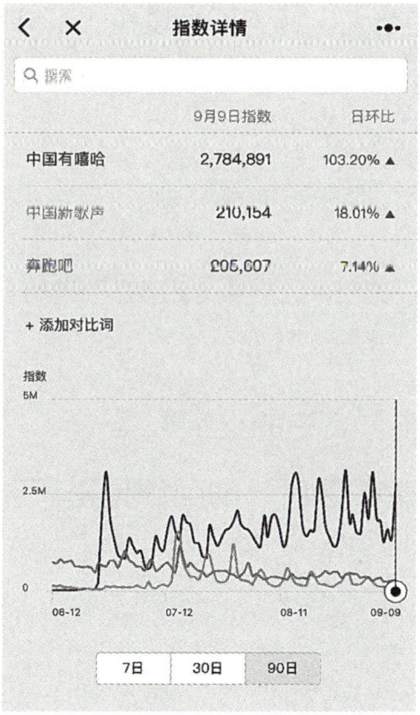

在微信各个地方出现的频率有统计，能够非常客观、便捷、准确地分析和统计产品）。

从数据直观反映，《中国有嘻哈》对比《中国新歌声》（原来的《中国好声音》）和“跑男”，有着极其惊人的留存数据。很多节目都是“一鼓作气，再而衰，三而竭”，但《中国有嘻哈》的微信指数非常坚挺，到后期每周的峰值依然很高，其留存率让人感到可怕。

转化成作者模式，如果我们来做，怎么做一款超高留存率的娱乐产品？这档节目对互联网产品而言，有何借鉴意义？

在这里，再次跟各位强调一件事：大家都是职场人，很多也都在做产品，不管是内容、服务还是基础产品。我们看事情站在作者模式会有很大的惊喜。

好，我们继续。《中国有嘻哈》里面有几个角色：

- 明星制作人
- Rapper（说唱歌手）
- 现场观众（基本是路人，特定场合烘托一下节目效果，少数场合做投票）
- 赞助商（这次的植入结合 Rap 是个亮点）

以及两个你可能没有关注到，但是最关键的角色：

- 网络观众（用户量，真正的上帝）
- 节目策划组（隐藏在幕后，前面都是棋子，这个才是真正的大魔王）

节目组所有这一切的思考和设置，都是为了真正的上帝——网络观众。

没有了流量，没有了眼球和关注，再有新意、再另类，也不能成就这个文化和商业爆款。所以，理解节目组的需求和目标，可以帮助我们理解很多很多，知其所以然。

大家脑洞继续放大，想象一下《中国有嘻哈》节目组的工作场景：拿着各种数据做对比、做分析、做争论及头脑风暴，一场录制下来 4000 比 1 的拍摄、剪辑比例，以及各种挖梗、beef（吐槽）、表情和可能的爆点，在合情合理合法的前提下，想尽各种手段提升一个指标：

留存，以及随之而来的流量。

于是有了不断淘汰、不断产生悬念的赛制。

于是有了总能在恰当的时候出现的独白。

于是提前两周录制，这样才能在片尾剧透下期看点。

于是在各种微表情下，各种选手之间的恩怨都被放大强化。

……

不管观众对节目组怎么骂、对总导演怎么骂、对节目怎么吐槽，借用麦当娜的一句话来作为回应：

If you don't like me and still watch everything I do, you're a fan.

（如果你不喜欢我还留意我所做的一切，那你是我的粉丝。）

站在商业和产品的角度，为《中国有嘻哈》节目组 show respect！！！

关于用户思维

嘻哈的本质是“Be Real”，这个精神在歌词以及独白里头被这帮选手体现得淋漓尽致。这种说真话，演绎自己的精神，让看腻了“说好话”“比惨”类型综艺节目的观众眼前一亮。“Be Real”成为这档节目能够火起来的最大爆点。

我们再细化。在这里其实每个选手都是自己的产品经理。他们的歌词、台风、独白、对话，其实都构成了观众评价的重要参考。

- 以大哥形象出现，主打中国风和方言风格，打家乡牌的 GAI
  台上极具侵略性、台下喜感可爱，被戏称为花园宝宝的艾福杰尼
  俘获大量少女心，以“你的邻家男孩”自称的暖心选手 Tizzy T
  一副天不服地不服样子，但就服 GAI 的 Bridge
  ……

风格不鲜明的选手是不会有人支持的。因此在 20 强之前，技术功底不强、人设不鲜明的，或者强套人设的选手大部分被淘汰。在后期，选手的 PK，其实就是人设和对人设的演绎。

从这个层面来说，每个选手不仅仅需要基本功，还需要综合的产品思维。这样才能在听众心中成功地植入一个鲜明的人设。这就是每个选手的“用户思维”。

现在，公司同时有多个项目在进展中，未来会有更多项目要启动。在这里，我希望每个项目负责人在日常推进项目的同时，也深入挖掘用户需求，思考如何差异化，思考什么样的“产品人设”能够抓住用户，怎么样把这样的点更好地传达。

以上是本人被《中国有嘻哈》圈粉后，日常的一些思考。在《中国有嘻哈》之前，我们可能很难想象，能够有这样一档爆款流行综艺节目。那我们能不能想一想，教育行业可不可以做出这样的爆款产品？我们为了达到这个目标，应该付出哪些努力？能不能创造这一切？

敬畏、危机感、用户思维、极致执行。

与各位共勉！

2017 年 9 月

北京 · 紫光发展大厦

我在团队内的二次创业：潘多拉

当时，公司虽然拿到了A轮融资，但是在业务上面临了很大的挑战。原有成人英语领域，被另外一家公司迅速超越。对方开发了基于用户打卡裂变增长的学习产品。

在这个背景下，我们在组织架构上做出调整，合伙人开始分头来做项目，内部开始了一直沿用至今的项目制。

我也开始做项目，当时第一个启动的项目就是“潘多拉英语”。

往回看，这个项目是我在团队的二次创业。我所有的能力，特别是对用户的理解，都通过这个项目再次得到提升。

同时，这个项目后续给公司带来了大量的现金流，用于支撑公司的新业务探索和其他业务发展。

与此同时，合伙人也相继启动其他项目，包括轻课阅读、极光单词、希望加早教等，开始公司的多板块探索。

这是我在带领团队做潘多拉业务初期，写下的一篇很重要的文章，记录了我当时对整个项目定位和打法的一些思考。

各位轻课同事：

近期，轻课大胆打破原有协作模式，开启项目团队负责制，并启动了一系列的项目，包括最近上线的“轻课阅读（第二期）”阅读计划，以及接下来即将上线的潘多拉英语、极光单词、轻课App等产品。

目前，项目制正在积极推进，主要集中在围绕成人英语学习的流量产品，期望打造一个强有力的产品矩阵，让未来的轻课大有发展，成为一家令人尊敬的上市公司。

我作为潘多拉英语项目的负责人，在这里把近期的一些思考，与潘多拉项目组成员，以及所有轻课的同事做分享，希望能给大家一些新的思考。字数比较多，请大家耐心阅读。

不管是十年前、现在，还是十年后，你必须承认：在绝大多数国人眼里，英语是一项受益终身的重要技能。

书籍、影视、学术、互联网，世界上70%以上的信息总量都是用英语来生产和传播的。明星说英文会加分，企业家说英文会加分。说一口流利英语，是一件既睿智又酷炫的事情。

2015年年底，借助移动互联网的浪潮，我创立了轻课。在不到两年的时间，我们联合国内顶级名师，推出了如“英语麦克风”“丹尼斯新概念”“Jennifer生活志”等诸多明星课程，累计收听人数超过400万，我们独创的“名师+社群”模式，让英语学习跟读打卡成为许多人每天的生活方式，见证了许多人在轻课学习英语，践行着“改变，从英语学习开始”的人生信念。

这两年，轻课从一颗种子，变成了英语领域小有影响力的学习品牌。随着越来越多的用户开始在轻课学习，我们也更加笃定地希望通过自己的努力，做成在线英语学习第一品牌。为了系统而有效地帮助学员提升英语，从2017年年初开始，我们开始了一项秘密计划，简称：潘多拉。

一、调研

打造一款产品之前，充分而又彻底的调研必不可少。目前流行的英语学习产品包括以下几类（四六级、考研、托福、雅思等属于应试类，不做考虑）。

1. 传统线下学校教材：小学、初高中以及大学教材。这是中国覆盖面最广的教材，几亿人都在使用，其科学性、专业性都经过专业论证，极具参考价值。

2. 经典教材，如《新概念英语》、赖世雄系列以及近期逐渐火热的剑桥 Touchstone 等。《新概念英语》是中国最经典、影响人群数量巨大的一本教材，其体系科学，选材地道，易于教学，让这本教材经久不衰。背四册新概念课文，也成了很多英语牛人的经验之谈。

3. 华尔街、英孚等高单价线下英语学习课程体系。这类英语培训单价高得出奇，一般都是几万元，甚至更高。这类培训体系一般都是由老外主导，目前接受培训的学员也有 10 万人以上。

4. Rosetta Stone、英语流利说、沪江网校、多邻国（Duolingo）等英语学习 App 课程。

5. 微信、喜马拉雅等平台，类似 Podcast 的每日更新的英语学习节目，如“口语天天练”“夏说英文”“英语口语”公众号等，理念是每天更新一个音频，天天学习新鲜的英语素材。

6. 英语学习方法论类在线课程，譬如，钟平老师的“逻辑英语”，恶魔奶爸的“20 小时快速掌握英语核心秘诀”等。

7. 在线一对一课程，如 VIPABC、51Talk、沪江 HiTalk 等。

以上课程都是在市场上有着重要影响力的产品，大部分都经过了市场的检验。在研究这些课程产品的过程中，我们有巨大的收获，包括对课程本身的研究，对老师的思考，以及对学生学习过程与结果的思考。也更坚定了我们挑战自己的想法——制作一款优秀的课程产品，真正让学员足不出户，就能享受到最优质的课程与服务。

接下来谈谈我对调研成果的一些思考。

二、思考

思考一：学习是人的天性，但是教育反人性。

一个人诞生之初，就具备最重要的学习能力——模仿。小孩会模仿大人的动作、语言，这是人的天性。但教育是一种“刻意行为”，就像跑步是人的天性，但马拉松则是刻意的行为。

教育与娱乐，一个是人长期追求的，一个是人短期追求的；一个是阐述理性思考，一个在强调感性释放。所以我们能看到一个很有意思的现象，泛娱乐的广告如游戏、美食等都在突出一个主题——人生苦短，及时行乐；而教育相关的广告都是在唤起长期需求——你希望 5 年后的生活是什么样，你希望你的小孩有一个怎样的未来？

以至于有的时候我就在想，很多时候轻课真正的竞争对手是《王者荣耀》、猫眼电影、爱奇艺……

但是，市场在追逐娱乐的同时，也有相当一部分理性的用户，希望提升自我，渴望改变命运。并且教育如同健身，如果能够让用户直观地感知到自己的进步并加以强化，那么也能够不断激励用户持续学习，把进步感和成就感不断发扬，让用户能够享受与“反人性”抗争的乐趣，把“刻意”培养成自己的习惯。

思考二：教育的本质是因材施教。

这是教育，这个延续了数千年的行业，与其他行业最大的不一样的地方。

学员的水平、条件、认知、能力都是不一样的。要通过教育给予他们真正的提升，那么就应该针对性地提供不同的解决方案。

大家可以回想，在中小学期间，教材都是标准化的，因材施教体现在不同的年级，不同的班级（有些学校还根据成绩分班），以及每个班级的老师，通过非标准化的老师应对非标准化的学生需求，提供针对性的解决方案。

在这几年非常热门的“一万小时理论”（The 10,000-Hour Rule）中，也有相对应的理念。“一万小时”不是只要你花了一万小时，就能够达到世界级的水平，而是这一万小时需要科学设置，让你跳过“舒适区”，保持“学习区”，避开“恐慌区”，从而让你的能力图谱不断拓展，又不至于一下子接触太困难的内容打击自信。

因材施教的过程，就是针对性地让每个学生都能保持在学习区，从而实现有效的学习、有效的提升。

思考三：教育三大要素——教学体验、教学服务、教学效果。

在历时半年的调研期间，我们与超过 80 个老师或教研从业者有过深度的沟通，他们很多都在英语教学领域深耕数十年。我们接触了很多不同的教学理论，归纳总结起来，大部分的理论都离不开这三点：教学体验、教学服务、教学效果。

教学体验是在学习过程中的感受和体会，眼睛看到的、耳朵听到的、嘴巴说出来的，以及其他身体部位的输入与输出，很多理论中延展为教学内容、教学手段、教学场景等。

教学服务则包含了学习过程之外的所有教学活动，包括与其他小伙伴的沟通、与班主任的沟通、及时反馈自己的疑惑，以及促进学员学习的压力机制等，延展开来包括教学运营、教学管理等。

教学效果理解起来简单很多，就是学员发现自己最后学到了东西，有效果，钱花得值。在很多理论里还包括教学目标、教学测评、教育体系等。

对于一所高中来说，教学体验包括教室、教材、老师授课、晚自习等；教学服务则是班主任冷不丁出现在教室后门、老师找学生谈心，或者高考前的誓师大会等；教学效果则是学生自己发现自己思维能力、逻辑能力的综合提升，也体现在各种考试、各种排名、学校口碑等评价中。

对于一家在线一对一的英语培训机构来说，前两个要素更多地体现在线上，以手机为承载，完成教学体验和教学服务（被人催着去上课，这也是一种服务）。最后的教学效果则是学生发现自己的英语能够脱口而出。

没有这三要素，则不能称之为教育。所以最近很火热的内容付费产品，不能完全替代教育，内容只带来教学体验，并不提供教学服务，不保证教学效果。

因为对于教育这件事情来说，付费的逻辑是结果而不是过程，与娱乐业刚好相反。这也是为什么出版业一共只有几百亿的市场规模，而教育则是个万亿市场。学员是为自己真正的提升付费，而不是为单纯地体验付费，虽然体验会很大程度上影响教学结果。

三、潘多拉英语

潘多拉英语是轻课即将推出的重磅产品之一。我们希望为不同阶段的用户，提供一个科学的英语学习提升解决方案。注意，这不仅仅是一门课程，而且是一个学习“解决方案”。因为我们的目标是真正提升学员的英语能力，让他们能够流利、地道地脱口而出。

为了达到这个目标，我们在设计潘多拉英语时，融入了三个特点。

特点一：学练结合 · 神奇体验

为了给学员带来极致的学习体验，潘多拉英语在课程形式、课程内容上，都下足了功夫。

- 顶级名师：潘多拉英语的老师有着极为严苛的挑选标准：需要从中文发音、英文发音、音色、节奏感、讲解和拓展能力五个维度进行全面评价，由大量学员和专业人员测评打分。300 名已经在微信、微博、喜马拉雅等累计大量粉丝的网红老师，最后只有不到 5 人脱颖而出、签约合作。
- 学练结合：在过去的学习过程中，由于条件不足，学习和练习是完全割裂的。老师一口气讲几十分钟，然后过几小时学员开始练习。我们从艾宾浩斯记忆曲线入手，并从游戏和线下健身场景中得到启发，把一门课切片化，2 分钟的讲解后，立即进行 4~5 道题的练习强化，打造成一个“最小学练单元”(Minimum Learning-Practice Unit)，并实时反馈练习结果。实现知识点的及时强化，让学员在整个学习过程中都能够全程保持注意力，同时每门课程还有讲义和课后练习，课后继续强化巩固。

- 人工智能语音评分：得益于人工智能的发展，语音识别技术也达到了商业化的地步。轻课在此方面大量投入，具备了对口语进行人工智能评分的能力，并且在过去的一年时间里，收集了上千万条中国人的英语语音。潘多拉英语在课程中大量运用该功能，让你告别哑巴式英语学习。
- 精美配图讲义：潘多拉英语的每一门课程，都由专业美术设计师来制作课程配图 PPT。一门 20 分钟的课程，我们会提供 50~60 页的配图，以及精练的课程讲义。让每门课程都是伴随着愉悦的视觉体验，更解决了你手机学习不便做笔记的烦恼。

上面的功能，都集成在潘多拉英语小程序里，打开微信小程序即可直接开始学习。从大纲到课程教案，再到录制、配图、调整音轨时间轴、制作讲义等，一门不到 20 分钟的课程，需要 5 个专业人员共计不下 40 小时的工作量。

对所有细节的极致追求，只为给你带来神奇的课程体验，让你在潘多拉英语学到停不下来。

特点二：权威教研 · 科学体系

潘多拉英语教研团队来自北大、北外、北师大、对外经贸等高校的英语、教育专业，多年从事教研和外语产品打造工作，并且在前期调研过程中，积累了大量的英语学习理论知识，为潘多拉英语设计了科学的体系。

- 课程分级、专业测评：教育的本质是因材施教，潘多拉英语适用于零基础到英语达人，为了让学员处于“学习区”，我们通过专业的英语测评，为你找到最合适的英语课程。同时，潘多拉分为必修课和选修课，必修课分为六级，同时每个级别对应多门选修课。必修课是通过对话和短文，让你提升单词、短语、语法、口语、听力等综合能力，类似“新概念课程”。选修课则包括：发音课（适用 1~6 级）、旅行英语课程（适用 2~5 级）、商务英语课程（适用 3~6 级）、听力专项课程、美剧课程、新闻课程等，让有特定需求的学员找到自己合适的课程。

- 精心选材、全面覆盖：对于必修课每个级别的课程，以及每门选修课，我们的选材和大纲规划的核心理念就是：实用。譬如，潘多拉的必修课会按照生活常用比例的原则来进行设置，旅行英语课程会根据最常出现的旅行场景来进行设置。保证我们的课程学完后能够实际有用。
- 五步教学，切片学习：针对手机端的学习场景，潘多拉英语的单门课程会控制在 18 分钟。为什么是 18 分钟？因为这是人在手机上注意力集中的最佳时间。我们为这 18 分钟做了精心的五步教学结构：导入、学习、练习、延展、总结，并打造“最小学练单元”。让每分钟都有价值，有干货，有效果。
- “在线课程 + 纸质讲义”：潘多拉英语的每一门课程，我们都制作了涵盖所有知识点的电子版和纸质版讲义，并且会作为赠品发放给全勤打卡的学员，打通线上线下的学习场景，方便复习巩固。

我们相信，一个科学的体系，可以让学员花同样的时间，更高地提升英语水平。

特点三：助教督学·社群共学

在线教育相比线下教育，有很大的一个难点，就在于缺乏一整套的压力机制，让学员可以在良好的氛围中不断调整，不断坚持。轻课通过两年的积累，打造了千人班长团队，他们将在潘多拉英语中扮演重要的角色，为学员的持续学习不断努力。

- 助教监督：潘多拉英语将为每位学员配备通过英语专业能力认证的助教，与名师一起带你学习。助教将会提醒学员每天学习，并针对性解决学员的相关问题，让学员找到学习的“安全感”。
- 社群共学：一个人走得更快，一群人走得更远。助教将为不同学习批次的学员建立班级群，并不时在班级内分享课程相关知识、组织英语运用小活动，让学员体会到班级学习的氛围，重建线下学习场景。
- 全勤打卡，免费赠书：潘多拉的课程将配备制作精美的纸质讲义，全勤打卡的学员，都将获得我们免费寄送的一本纸质讲义。

最优质的教学服务，只想让每位付费学员拒绝懒癌，坚持学习。

四、有魔力的英语学习之旅

在接下来的时间，我们将陆续上线潘多拉英语的各项课程，以及测评系统。

这是一项浩大的工程，我们有信心、有准备精心制作。

潘多拉英语不单单是一个英语学习课程，更是一套成体系的在线英语学习解决方案。

我们匠心打磨的所有细节，都是基于学员诉求，目标在于最终提升学员的学习效果。

轻课的愿景是让学习更轻松，让教育更平等。

潘多拉英语，我们将不变初心、矢志不渝。

2017 年 10 月

北京 · 紫光发展大厦

做正确的事比正确地做事更重要

做正确的事比正确地做事更重要。

各位轻课同事:

2017 年只剩最后六分之一，年初的计划和设想实现了吗?

在过去的一个月，我们的轻课阅读第二期，同时也是我们全新自主开发的适配英文阅读的课程正式上线。

在两个多月的时间内，轻课阅读的项目团队完成了从设想到落地所有学习方案的筹备工作，并在推出之后获得了广泛参与，超预期完成销售任务。

在这里给轻课阅读项目组点赞，你们在过去的两个月内表现出了超强的战斗力，并顺利开启了付费用户的学习。同时，我也希望其他项目组向阅读项目学习。快速行动，极致执行。

本次月报跟大家讲讲我最近的一些个人心得，一句话描述就是“做正确的事”。

这句话听起来可能有点虚。但是，这简简单单一句话，大部分人在大部分时候难以做到。

关于空杯心态

“空杯心态”是一个心理学概念，象征着做事的前提就是先有好的心态。如果想要更多的学问，先把自己想象成一个“空着的杯子”，而不是骄傲自满。

在讨论潘多拉课程体系的时候，我们有一次想出了一个绝佳的点子，就是一门课程按照一个电影剧本的方式，把故事脉络都做改编，把课文穿起来形成一个有剧情的故事，来提升课程的趣味性和完课率。

刚刚想到这个点子的时候，我非常兴奋，连续两三天都很开心，跟很多人讲起这个的时候，都表露出这样的意思：这个点子太棒了，我们是第一个想出来的！也没有太多理会别人的建议。

刚好那天晚上我们邀请了北京外国语大学的李晨老师来做分享。在后面的问答环节中，我把这个想法提给了李晨老师让他做评价。他说不建议采用这个模式，并当场给出了几个理由。

听完我心里很难受，觉得那么好的点子为什么会有这个问题呢。不行，我还是要坚持做一下。于是我和教研小伙伴继续推进按照这个思路来做。但在具体的尝试过程中，我们很快发现了问题，而且就是李晨老师说的那几个问题。

我开始深深地反省。

其实，在一开始征求意见建议的时候，我并没有做到“空杯心态”，而是一味地把自己的想法传递给对方，迫使对方接受我的想法、认可我的想法，而不是真正意义上的征求建议。

后来我们快速调整，否定了这个方案，还好没有遭受太大的损失。但这件事情给了我很深的思考。

在轻课团队中，包括我自己在内，很多人都很难做到“空杯心态”。缺乏空杯心态，很容易一上来就给自己一个预设：我是对的，你是错的。而因为两个交谈者的汇报关系，导致正确的往往就被否定，而不正确的观念却以“我有经验”“这个我懂”“我厉害你不行”的语气盖了过去。

要完全解决这个问题，其实很难。就跟让一个人承认自己是错的一样，非常难。**在这里我也只能不断提醒各位，在反驳别人之前，自己冷静、冷静、再冷静。试图去接受一下别人的观点，思考有没有可以借鉴的地方。**

保持敬畏感，保持空杯心态，把事情做“对”，比把事情“按自己的想法做”，更重要。

关于知行合一

“知行合一”，这四个字是古代圣人王阳明的核心观念。这简单的四个字，知道很容易，实践太难太难。做正确的事，比懂得道理，难太多太多。

创业、做项目其实不难，现在网上方法论一大拨，各种免费的视频、演讲、学习培训也一大拨，“得到”App上面的各种精华内容也一大拨。但一条条做到、一天天坚持，太难了。

学英语其实不难，各种教材、各种培训课程、各种免费内容一大堆，但还是那么多人学不好，因为坚持下来太难了。

练好身材其实不难，各种视频、健身App很成熟，健身的场所也无处不在，费用也不高，但大部分人连每周去健身一次也做不到。

电影《闻香识女人》有一句经典台词。上校说：

“如今我走到了人生的十字路口，我知道哪条路是对的，毫无例外我就知道，但是我从不走，为什么？因为太苦了！”

“做正确的事”，简简单单五个字，若能够践行一生，应该是值得庆幸的一件事吧。

与君共勉，加油！

2017 年 11 月

北京 · 紫光发展大厦

团队的自我修养：韧性和“全栈化”

在 2017 年 12 月，公司经历了一次高峰，我们在销售层面再次创下新高。我的心情也不错。但每次有增长之后，我开心的时间都不超过一天，接下来又会想：怎么可持续？

这篇月报主要还是围绕团队展开，提到了两个作为创业团队核心必备的特点。

各位轻课同事：

没有一点点防备，也没有一丝顾虑，月报又来了。

大家的月报里，都提及了公司最近方方面面的变化。我自己也能明显感受到，虽然三个月里我们的团队人数没有太大的变化，但是我们轻课团队的认知、能力以及产品竞争力都有着巨大改变。

这次月报，我想跟大家讲三点，都是我最近的一些个人感受，也是看完各位员工写的月报之后，自己的一些思考。

一、关于韧性

这个概念有很多同义词，包括坚忍、皮实、放得下等。

与之相对的概念，就是玻璃心。

恋爱里头，你有玻璃心没关系，有个宠你的男朋友就好了。但是人在职场里，玻璃心是很危险的，因为没有人有“义务”去保护你的玻璃心。

接下来我用皮实来代替这个词，来做进一步的延伸。

什么是皮实？

当你做了一件事情，做错了，被别人发现，被上司批评；

当你的项目伙伴做错一件事，把你牵连进来，不得不一起解决；

当你想了一个自认为很周全的运营方案，结果推出后还是发现不少漏洞，还被批准备不周；

当你和你的小伙伴很用心做了一件产品，结果摆在用户面前，用户丝毫不买单还一通吐槽；

当你发现自己在做一件对的但是不合群的事情，但是周围的人都冷嘲热讽，取得成功后听到酸酸的评价，失败后被落井下石；

……

以上各种发生后，你会难受，但很快，不找借口，不去埋怨，收拾好心情，继续出发。

这就是皮实。

今年年初，轻课提拔了一批经理。九个月过去，这批经理已成为轻课的中流砥柱，承担了很多很多。创业公司的工作强度大，而且很多事情没有现成的流程和标准，但是这批经理都承受住了考验，成长飞快。

举个例子，我们的私教负责人小周，从零开始参与创立私教团队，现在已经是独当一面的部门经理，从教研、运营到招生，都能负责下来。大家可能很难想象，小周现在才毕业两年。当初，小周加入轻课团队不到半年的时候，就参与新业务筹备，在团队中依靠皮实的心态，外加踏实、认真的态度，强大的执行力，不断顶上空缺，主动熟悉各个业务流程。再到现在一步步把私教业务做扎实，做稳固。

这九个月，小周经历了很多不如意，很多事情也是在她的掌控之外。但是小周的自我调节能力特别好，每次遭遇逆境后，都能够以乐观的心态来面对，重新出发。所以在这里，希望大家都可以向小周同学学习。

我相信，一切杀不死你的，终将让你更强大。

二、关于“全栈化”

“全栈”是技术领域的一个词，意思是什么都会的开发工程师。

这个概念在上次全员大会上讲过。在这里，我想再次强调一遍。

各位加入轻课，加入一家创业公司，是为了什么？在看月报的时候，我看到很多人放弃公务员工作、放弃大公司 offer、放弃安稳度过一生的未来，来到轻课。你们是为了什么？

在给大家推荐的《创业公司员工的十个特点》中，有很重要的一点就是“拥抱变化”。在这里，公司业务调整的速度可能非常快，以至于一件事情你可能刚刚上手，就有变动让你做其他事情。创业公司永远是业务优先于管理，团队优先于个人，结果优先于过程。如果你希望一直做一颗螺丝钉，坚守自己的岗位（不是说螺丝钉就不好），那么你其实不适合轻课。但是如果你有更大的抱负，希望接受更多的挑战，那么现在的轻课，非常适合你。

都说在移动互联网公司，三个月就是一年。我自己对此非常认同。

在日常工作中，我有时会听到这样的声音：“这是 ×× 岗位需要考虑的事情，我们就不掺和了吧。”在这里，对这个“掺和”的界定很重要，如果这不是你的职责，你要干涉甚至吐槽，那么这种掺和是不鼓励的。但是如果，虽然这不是你的职责，你回去可以思考：“为什么 ×× 岗位要这么做，为什么不可以那么做，这背后的逻辑我想明白了吗？如果没想明白，我下次交流的时候，问两句怎么样？”这种态度，才是你能走向“全栈化”的开始。

轻课接下来会有越来越多的项目团队，以业务为导向的模式也会越来越明显。在这样的团队中，每个人各自的职责可能一开始并不是那么清楚。这是必然的过程，慢慢到后面就会越来越清楚了。但是在最开始不清楚的这个阶段，是大量机会产生的时刻。可能在大公司里，你需要三年或五年才能接触的技能和思考模式，在这里只需要三个月就能通晓。

在这个过程中，有些人看到的是问题，只会吐槽。有些人却看到了机遇，牢牢抓住。

在考虑业务管理人选的过程中，对业务的了解和掌握能力是考量标准中最必要的方面。轻课希望培养出越来越多的全栈化人才，更希望这些人才可以更好地带动业务，带动团队。

你现在的业务摸透了没有？你的全栈化目标是什么？你打算从何入手？这三个问题，如果你还没想过，接下来可以思考思考。

三、一个有趣的发现

每次月报我都会收到上百封邮件。在实行两年的月报制度，浏览了接近 1000 封共计上百万字的月报后，我发现几个很有趣的现象：

- 月报这件事情很小，但是可以反映出很多人的工作态度以及职场修养。
- 产出越高、越忙的小伙伴，反倒没有因为忙而不去写月报。相反，他们写的月报有条理、有逻辑、有思考，丝毫没有以工作原因为借口不去总结。

- 很多之前写作水平一般的小伙伴，在长期训练后，文案能力和文笔越来越好。

月报虽然不是工作的全部，轻课月报制度的负激励也并不是每次都跟没写的人过不去，不写月报的小伙伴里也有很多优秀的人才，但是我通过一件小事，看出很多人对待小事的态度。在此我就不过多展开，以上几个现象只是我站在我的角度做出的一些思考和总结。大家各自领会，也不必上纲上线。

在这里，再次佩服“得到”的罗振宇，每天坚持产出，每周坚持直播例会，每年都策划跨年演讲，坚持跟自己死磕。这样的人，靠谱！

2017 年 12 月

北京 · 紫光发展大厦

积极探索，高速增长：轻课舰队

2018 年，轻课团队正式升级为“轻课舰队”。得益于项目制的使用以及运营模式不断地创新迭代，公司发展火力全开，孵化出诸如极光单词、潘多拉英语等多款爆款产品，月流水超千万，成为业内颇有影响力的在线教育企业。

“轻课舰队”名字的由来

在 2017 年年中的时候，轻课开启了项目制的模式来进行探索。换言之，之前整个公司是一个个体职能的架构。从 2017 年 8 月开始，公司内部开始成立新的项目组，这个新的项目组单独核算收入和成本，由项目负责人来做日常经营决策。

尝试半年后，我们觉得这个模式很不错，最重要的体现，就是一些新项目的营收已经开始起量了。

现在来看，一方面是组织架构的优化，另一方面，我们也在一个电梯里，所有项目的方向都猜准了红利。

也是带着这个背景，我在 2018 年 1 月，正式宣布，轻课团队升级为“轻课舰队”，一艘舰队，有不同的船，相互支援、相互帮衬、相互启发。

相对于 2017 年的诸多失败，公司在 2018 年有一波新的增长，业务上也迎来了第二曲线。

各位同事：

最近几个月以来，我的角色在不断切换。

一会儿，我是作为轻课团队负责人在各个部门、各个项目组之间协调各种外部事宜；一会儿，我是作为潘多拉项目负责人，每天主持早上的站会；一会儿，我又是作为潘多拉C组负责人，组织召开销售运营会议；一会儿，我又觉得自己是一个普通客服，用着萌宠的头像在群里解答学员问题。

这样的身份切换，不仅仅是我一个人。在轻课团队，很多人每天都身兼数职，不断推动我们的产品优化、业务发展。

看大家的月报，相信在刚刚过去的12月，应该算是整体最为忙碌的一个月，同时我们也在2017年12月取得了骄人的业绩——公司月度销售额创历史新高！在这里向每位付出的轻课小伙伴表示敬意！

在2018年元旦前夕，相信大家都注意到，我们的办公室大群，更名为“轻课舰队——星辰大海，使命必达”。是的，一年时间，我们单一的产品变成了丰富品类的业务线，我们从一个“办公室”，变成了一个“舰队”。我们在过去的一年经历了前所未有的逆境，但我们坚强地挺了过来，更加淡定从容，冷静执着。

为什么取名为“舰队”？对这个新的名字，我曾在一个晚上琢磨到深夜，最后定此名时感到非常欣喜。在开年第一篇月报，我就跟大家说一说，为什么取这个名字。

一、商场如战场

是的。商场，互联网公司的商场，是一个没有硝烟的战场，一个你看不到敌人从哪里进攻你的战场，一个你自己落败后甚至都不知道为何落败的战场。我们不是社团，我们不是公益组织，我们也不是一个家庭。我们是一个军队，一个在不断变得更精锐、建立壁垒、开疆拓土的军队。

我们对目标的不懈努力将让我们拥有更强的战斗力、更好的装备和更宽阔的海域，我们的一个错误也可能导致自己和队友伤亡，甚至导致沉船，以及整个舰队覆灭。

这不是危言耸听，无数的案例都让我在夜里感到深深的危机感。上市的趣店因公关未能处理好，股价腰斩，至今面临金融监管风险；身边的创业团队，也有很多，因为某项能力不具备，烧光了钱，团队解散，各奔东西，抑或做了两三年依旧原地踏步，苦苦挣扎；还有曾经不可一世的诺基亚，曾经我极度依赖的人人网等。

大学时，一个师兄跟我说“自己牛，比什么都重要”，这句话让我记忆犹新、始终铭记。2017 年年底，经纬掌门人张颖在经纬 CEO 群里发的一段话，其中结尾五个字是“自强则万强”。这句话刷爆朋友圈。

二、舰队模式，并列航行

在之前，我们的组织架构是职能模块的架构。而经过半年的尝试和摸索，我们孵化了许多新的项目，一个项目类似一家小型公司，同时项目与项目之间协同作战，各自有自己的优势和能力，每个项目都能实现稳定的现金流。这样的新的组织架构，经过时间验证，可以更好地激发团队的潜能和善意。我们也将在 2018 年全面转型为项目制，告别“大船模式”，转型为“舰队模式”。

在舰队模式下，优秀的舰船可以不断升级、加强，而无法保证顺利航行和战斗力的舰船，在舰队给予最大程度的帮助但依然不能自食其力后，将面临被关停的风险。我们希望通过这样的方式，让内部能够模拟出市场真实的环境，让每个人做的每件事情，都可以得到真正的市场检验。

更多地，我们希望不同的舰船之间，能够有积极的协同效应。相互促进、相互学习、减少试错和学习成本，减少重复犯错。具体的措施，大家将在接下来的时间里逐步感受到。而具体的组织架构，我也会在下次全员大会中为大家更清晰地呈现。

三、星辰大海，使命必达

在项目制下，每个人都可以成为项目负责人，但前提是你能把控好方向、团队，以及预期的收支。你需要有极强的市场嗅觉，你需要通过日常工作建立起同事对你的信任和支持，你需要对用户十分了解，甚至比他们自己还了解他们。而当你证明了你有以上的能力，你可以来找我说出你的想法，说出你的目标，说出你的具体执行方案。立项后，我会支持你，轻课的丰富资源也将帮助你把这个想法更好地变成现实。

轻课的使命是让学习更轻松、让教育更平等，我们希望成为最具价值的教育公司，我们的价值观是“用户至上、正直坦诚、敢于创新、极致执行、团结共赢”。在这个使命和价值观之下，我们对项目不设限。不设限不代表我们可以随意设置项目，一个项目的设立也伴随着大量的成本投入，所以我们需要有合适的策略让我们的投入有所回报。

新的一年，我相信会有更多项目的出现，一个项目从最初的想法到最后的实践成功，是一件最令人有成就感的事。

2018，我们的征途是星辰大海，我们的目标是使命必达！

2018 年 1 月

北京 · 紫光发展大厦

对团队风气的思考

你所在的团队，团建的时候喝酒吗？对内部恋爱是禁止还是鼓励？老板有没有安排亲属在公司？

这些细节的问题，其实都体现了一个团队的风气。我在团队风气这块，很早就开始重视。

我看过新东方老俞在自己的创业思考里，反思公司早期，自己引入太多亲属家人进入公司，会如何影响团队的发展。所以我从一开始创业，就跟合伙人们要求，不允许安排亲属加入公司，并且自己也以身作则。

从这个问题延伸到喝酒、内部恋爱等，这篇月报做了一次认真的观点表达。

各位轻课同事：

见信好，春节几天过得怎么样？再次回到工作岗位，感觉怎么样？

年会当天，我们举行了 2018 年第一次全体员工大会。这次会议的 PPT 我也放在了附件中，供大家复盘。没有在现场的小伙伴也可以直接浏览，感受一下轻课的 2017 和 2018。

本次周报跟大家聊一个不紧急但是很重要，容易被忽视但将很大程度上影响团队的一件事——风气。

在这次周报中，有一位小伙伴说起过轻课跟一些公司不一样，年会没有让大家喝酒，这个细节让这位同事感觉很不错。其实，刚开始的时候，我们的团队出去团建，都会喝酒，还经常会喝白酒、葡萄酒等，然后部门内，各个部门与各个部门之间，又会有各种“车轮战”，加上各种酒席说辞，既费脑子，又伤身体。

所以，某次轻课团队出去团建大家喝得酩酊大醉，我也被人扶着回房间后，我也在思考：喝酒会不会提升生产率，对团队是好处多还是坏处多？我也仔细思考了一下，发现喝酒其实没有那么必要，原因在于：

1. 伤身体。喝白酒容易喝醉，喝啤酒胀肚。我大学的时候在团委学生会，就有一次在饭局上喝醉，走在楼道里直接吐了，还滑倒了。替我挡酒的一个人更惨，被人抬回寝室，结果发现瞳孔对光没有反应直接送到中日友好医院，她的妈妈更是直接夜里坐飞机过来。这件事一直让我懊悔不已。同时，一般人群中都有一定的酒精过敏者，他们更不该喝，这点已经有医学证明。

2. 花冤枉钱。酒是用来品的，不是用来比的，比谁能喝真是把酒糟蹋了。

3. 浪费时间。吃饭不喝酒，一个半小时就解决了，弄完还可以玩其他的游戏，或者做更深度的交流。但是如果喝酒的话，就不止了，通常三到四小时，甚至更长，算上吐，以及后半夜醒来或早上起来继续醒酒等，基本上第二天中午 12 点之前都废了。

4. 解决不了问题，有可能会进一步加剧一些团队矛盾。可能有人不能喝，说了一堆又不好拒绝，但是真的又不能喝了，这个时候矛盾又出现了。真正解决矛盾的方式是坐下来心平气和地沟通，而不是酒桌上你喝一杯就能赔罪。

所幸的是，轻课做的事情是 TO C 为主，TO B 的渠道合作不多。目前，业务也不太需要我们具备喝酒、应酬的能力，学员用户看重的更多的是产品质量而不是喝酒能力或关系。想通这点后，在后续的团建和大活动中，我也尽量不去营造出一定要喝酒的氛围，大家也不必有太多负担，吃好，玩好，就够了。

这是第一点。接下来说说第二点，关于廉洁，包括不收受回扣、贿赂等。

在准备写这篇之前，我特地跟人力部门确认了关于这方面的一些细节，各位在入职时候的劳动合同，也专门有一个附件是关于“禁止牟利或给予利益”。在这里，引用劳动合同的表述，再次给大家做一个强调。

雇员不得利用在公司的职位或职权谋求私利。不得直接或间接地以任何理由从公司以及公司的雇员、供应商、顾客、客户或合作伙伴或与公司有业务或非业务关系的其他方索要、接受或者向上述人员给予任何形式的礼品，也不得使他的家庭成员索要、接受或者向上述人员给予任何形式的礼品（不包括依据当地传统或习惯收取的100元或等额数额以下的礼品），除非事先得到公司的批准；亦不得直接或间接地索要或接受，或使他的家庭成员索要或接受以获得如无此贿赂则不能获得的优惠待遇为目的的贿赂（无论是否有形）……

在这里仅有一个例外：上级给下级发的微信红包或其他小礼品除外（仅允许上级给下级发放，不许下级给上级发放）。

希望大家务必重视我们劳动合同中关于“禁止牟利或给予利益”的约定。可能部分轻课同事在过去的时间里，未能严格遵守，在这里既往不咎。但从2018年3月1日开始，希望大家作为轻课的一员，恪守以下几点：

- 外部供应商给回扣？——不能拿
- 项目组之间涉及支付交易？——必须符合转移支付的原则，并经由PMO部门批准并登记在册（以相关责任人邮件为准），由财务部执行，不得擅自解决
- 班长为请求特殊关照给发红包或小礼品？——不能收
- 逢年过节想给领导发红包或送送礼？——不能送也不能收

以上情况，如果有特殊的原因需接收，必须经过项目负责人同意，并邮件报备至人事行政负责人。

轻课是一个年轻的团队，我们在很多地方都会放权给每一位同事。业务

转型成全面付费后，在很多环节都会有切切实实的利益。**希望岗位上的每个人，都坚守廉洁意识和自己的职业操守，不要成为自己曾经讨厌的人。同时，在此提醒大家，按合同约定，公司有权单方同违反“牟利或给予利益”约定者立即解除劳动关系。这条红线，请大家谨记并遵守。**

第三点，目前阶段，轻课团队依旧不鼓励内部恋爱。

这一点在之前的周报里提及过，接下来还是会一直坚持。尤其是以下几种情况，公司希望杜绝：

- 双方直接构成上下级汇报关系
- 双方在同一项目组或向同一上级汇报
- 任意一方为合伙人、项目负责人或销售团队负责人
- 任意一方任职招聘、薪酬、员工关系、会计、出纳以及 PMO 相关的敏感岗位

以上几种情况的内部恋爱一旦发现，双方至少要有一人必须离开轻课团队。

鉴于团队现状，内部恋爱会给组织发展带来一定的弊端，因此，还请各位轻课同事能够谅解这样的坚守。在此提及旨在提醒，我们的“团队手册”里也有规定，不再赘述。

以上的规定，对轻课全体同事都适用，更希望在管理岗位以及关键岗位的同事提高重视。

公司发展壮大期间，我也给自己，以及其他合伙人定了不少规矩，包括到目前为止，虽然很多亲戚朋友都跟我询问过，但是我没有安排任何自己的亲属全职加入轻课。因为我看到过俞敏洪曾跪着求自己的母亲离开新东方的故事，所以一件事情要禁止，必须在萌芽期间就禁止。

以上就是本次月报，希望每一位轻课同事遵守。**一支队伍要垮，首先从**

作风上垮。我们的征途是星辰大海，这支队伍一定是一个公平公正、积极阳光、令人向往的团队！加油！

2018 年 2 月

北京 · 紫光发展大厦

对学习成长的思考

2018 年全年，轻课都有非常好的增长。我们的每月现金收入，从年初的 1000 万，到年底的 3000 万，增长非常健康。最主要还是得益于我们的业务模式和红利，其次，团队一直保持学习和成长。

各位轻课同事，见信好！

本次周报跟大家聊聊关于**学习成长**的主题。对个人来说是学习成长，对公司来说就是培训。最近，在做项目期间发生的一些事，让我打算在公司范围内推进一些措施。**另，文末有彩蛋，答应我一定要看到最后。**

一、培训

看很多投资人的访谈，里面问到投资人最看重创业者什么能力，大部分投资人都会提到：**学习能力**。我自己辞职创业已有接近三年，也深感学习能力对做事情的重要性。另外，我自己在面试的时候，也会通过很多问题，旁敲侧击来判断这个人的学习能力。我希望把轻课打造成一个学习型的组织。

希望大家在轻课期间，能够真正有所学习有所成长，如果将来离开轻课了，也会觉得在轻课的青春没有白费，愿意在简历里把轻课作为浓墨重彩的一笔标红加粗。

在实行项目制之前，对我汇报的一般是部门总监或者至少经理层，这些人在轻课的时间都比较长，思想上或者能力上，都具备了较好的基础，所以当时我还没有那么迫切地感受到培训的重要性。但自己带了项目后，随着项目的扩张，我直接带了一批新人，很多时候都需要手把手地教很多非常基本的理念和技能。我就在想，与其花时间给几个人做培训，不如动员一下公司力量，为全公司所有有想法、有需求的同事统一来做培训。所以，2 月初的时候，在公司的前台负责人例会上，我号召各位前台负责人（包括项目负责人和销售负责人）一起进行“全栈运营”培训。从提出这个想法，到安排课程大纲和主讲人，再到主讲人完成课件，一共两天时间（定了个规矩，不在第二天 24 点前完成自己课件的负责人，在群里发 200 元红包，然后有一位没有完成，我真的催着发了红包），我们就完成了大纲和教材的编写，而且大家写得都非常接地气。

接下来发生的事情，很多同事也有体验。我们的全栈运营培训在年后正式开启，目前组织了两次，大家的到课率和提交作业比率都很不错。另外，这次培训我们很重要的特点就是要“交作业”，而不是佛系地“听讲”，甚至大家很多的学习，都是在课后通过作业来真正达成的。因为做作业是执行，而学习更多的是思考。脱离了执行的思考，是虚无缥缈的。希望大家一直这么认真下去。

二、避免“救世主”心态

在公司早期的时候，我们经常聚在一起讨论各种事情。有时候聊到对业务和团队的一些想法，有人说：感觉我这边还需要招一个厉害的文案，这样公司的文案就可以交给他了。听完，我就提出了几点疑问。

1. 我们还是家小公司，没什么名气，真正的文案大牛会不会过来？

2. 你自己的文案能力不行，万一文案大牛来我们公司，他写得不好你能发现吗？你能指出怎么优化吗？人家的进步空间在哪里？你能 hold 住吗？

这些问题也让这位小伙伴自己开始研究如何写文案，不断学习、不断实践、不断对比。现在他写的文案也让我十分认可，成为公司的重要项目负责人。

以上只是个例子，在此我也跟大家分享一点自己的关于自我学习的个人心得，说两个我自己有过，同时现在也有不少同事都可能存在的心态。这两种心态我个人称为“救世主”心态和“等我……”心态。

首先说说“救世主”心态。

在创业之初，或者现在依旧在很多同事包括管理层心里，都会有这样一种心态——现在我们团队在这方面还不行，要是能找到一个牛的 ×× 就好了，这方面就可以完全交给他，我就轻松了。

我自己也曾经有过这样的“幻想”，而且总是会期待着，花功夫找到这样的救世主过来，一切问题就解决啦！在两年血与泪的经验后，我改变了看法。“救世主”心态不是全错，对于一个团队的管理者，自己找人、挖人是很重要的。一家企业也非常需要外部的牛人来给公司带来新的生机、新的思考和执行方式。最难的是什么地方？举个反例，把人招进来之后，人家刚刚一过来，就跟他说：××，来，这块以后就交给你负责了，我不看过程，给我结果就行。

这是“救世主”心态最大的问题。而且，很有可能的是，在面试前，你觉得这个人我爱死了！来了一定可以解决我的问题！我的团队因为这个人的加入肯定会变得超级厉害！然而，入职后，曾经的爱死了的感觉就变成：

感觉这个人对我们的业务不太懂啊，说得好听真正做出来感觉不太行呢？我也发现不出什么问题，但就是结果不太对。

问题就在这里，**你也发现不出什么问题**。可能你在对他一堆意见的时候，人家也在心里吐槽你。有一篇文章对此描述得非常精妙，**这篇文章的标题就叫“为什么我们遇到的领导都是傻 ×”**。大家不管是带团队，还是做执行，都看一看，反思一下。

我很认可京东内部的一个原则，叫 80/20 原则，80% 的管理层都是内部提拔，20% 是外部引进空降。这一点在轻课也是这样，项目负责人小沈、Cici，以及销售负责人娜娜、小剑，最开始入职进来，都是从普通员工做起。随着时间的推移，慢慢了解业务，精进自己的执行和思考，再抓住机会负责新的业务，组织起团队，最后成为独当一面的角色。

所以，奉劝所有的管理者以及非管理者，树立正确的人才引入观念。对管理者而言，这块业务我不懂，那我可不可以研究一下，或许没那么难？对非管理者而言，这件事情现在没人做，要不我来试一试？说不定还能学到一些东西，从连接者变成了领导者。

三、避免“等我……”心态

第二个希望大家尽力避免的心态，是“等我……”心态。这可以描述为：我现在怎么样怎么样，我最近怎么忙怎么忙，这块先放放，等我闲下来了，等我空下来了，等我缓下来了……我就怎么怎么努力！

我就有“等我……”心态的毛病，也为此付出过很多代价。这个代价就是真正等我不忙了之后，哎……学这个干吗？先好好休息吧，别把自己搞得那么累。

哎，还真别说，人啊，很多时候就是活着这一口劲儿。你忙的时候，再给自己加一些东西，你是可以完成的，而且会伴随着成就感。但是自己真正闲下来之后，反倒不愿意去想那么多。很明显一个例子，高三冲刺阶段我还每天健身做俯卧撑和仰卧起坐，每天 30 分钟。高考完，我每天就是躺在床上睡觉，完全垮了。

当然，可能我也只是代表一部分人。有些人可以很好地平衡，即使闲了下来，依旧可以很好地规划自己的工作生活。写这个也是针对拥有这种特点的同事，要有效利用好自身的性格特点，不要被性格控制，而是应该通过自身性格驱动自己。

这次全栈培训，涵盖得很全面，时间也很长。我要求讲师讲的内容，也都是业务上最实用的一些技能和思路。各位讲师也是毫无保留地把自己的干货都掏出来给大家。所以，希望不管是培训人，还是接受培训的学员，都务必端正态度，对自己不懂不会的地方仔细听讲，认真看笔记。也不要因为自己忙不参加，很多时候这都是借口。

下一讲，会由娜娜给我们带来班长团队的详细介绍，这块的各种逻辑和思考，在轻课属于绝密信息，是多少竞争对手梦寐以求的法宝。周二，这些也会毫无保留地分享给大家。

四、把错误记录下来

最后，我再说一点，也是自己看到别的公司有这样一个做法，觉得很有意义。

事情的起因，也是公司最近发生了一些本应该可以避免，但最后还是让公司遭受损失的事情，有一些也是我的责任。甚至有一些问题是轻课一年前发生的，但因为没有做好这一块的留存和培训，导致类似的事情在别人身上再次发生。所以，我也在思考，公司可以做哪些事情，尽力来避免。

桥水公司是很厉害的一家公司，大家可以百度一下。看到桥水公司的《错误日志》，以及他们在背后的思考，我觉得很有启发。“把我们从错误中总结的教训系统化”，这个对每家公司而言，都是很有意义的一件事情。接下来，我也会在轻课一步步开始推行《错误日志》这样的做法，包括哪些错

桥水公司的《错误日志》

把我们从错误中总结的教训系统化

当然，我们也在不断犯错误，但错误都在我们的预期范围之内。而我们会尽最大可能利用我们的错误，因为我们养成了习惯，把错误看作学习和改进的机会。我们印象最深刻的教训之一发生在20世纪90年代初，当时负责交易的罗斯忘了把一位客户的钱投入交易，还是保持现金状态。等到这个错误被发现时，已经造成了几十万美元的损失。

这是一个可怕的、代价高昂的失误，而我不能做出太激烈的反应，比如把罗斯炒了以儆效尤，告诉大家我们不能容忍错误。因为错误总是免不了的，所以这么做只会促使其他人隐藏错误，而这将导致更大、代价更高的错误。我坚信，我们应当把问题和分歧摆到桌面上，从而总结应当怎么做才能改进。于是我和罗斯合作编写了一份交易部门的"错误日志"。从那时起，任何时候出现任何性质的不良结果（如一项交易没有执行、我们支付的交易费显著高于预期等），交易员都会记录下来，然后我们采取补救行动。随着我们不断跟踪和解决这些问题，我们的交易执行机制不断完善。

用一套程序确保问题会摆在桌面上，同时确保问题根源会得到剖析，这样才能实现持续的改进。

基于这一理由，我坚持在桥水上下采用问题日志的做法。我的规则很简单：如果事情出了岔子，你必须写入日志，写明其严重程度，并写清楚谁为此负责。如果一个错误发生，记入日志，你就没事；如果没有记，你就会有大麻烦。通过这种方法，问题会被呈送到管理者面前，这比管理者不得不把问题找出来要好得多。错误日志（现在我们称其为问题日志）是我们的第一项管理工具。后来我明白了，管理工具在促使人们采用正确的行为方式方面发挥着重要作用，这一认识引导我创造了不少其他工具，后文将详述。

误记录下来，怎么记录，权限怎么来分配，如何最大化发挥效用等。**大家有好的想法，也可以在邮件回复中说出来。**

以上就是本月的月报。在这里，我还跟大家透露一个消息，公司已经把紫光 13 层整层也租了下来，租到明年 7 月，还得到 11 层和 13 层到期后的优先续租权，准备长期驻扎在这一片，继续壮大我们的队伍了！大家觉得上班远的，可以尽早搬到公司附近。

人数上，我们将进一步扩张。但是这个扩张，**我希望是有质量的扩张，不仅通过项目制对项目核心成员的动机加以激励**，更将在接下来通过培训、《错误日志》等措施，**让每个人的能力得到提升**，成为特种部队的作战精英，更让我们的舰队充满战斗力，越走越快，越走越远！

与君共勉！

2018 年 3 月

北京 · 紫光发展大厦

创业者必备思考模式：MVP 思维

有没有听过一个概念叫“精益创业”？

其实，这个概念对应的思考模式就是“MVP 思维”。

我要感谢在创业初期阶段的大量学习，让我在公司有一定规模后，务必重视 MVP，再扩大。

其实体制内也有这样的思维，就叫“试点”。深圳就是改革开放的试点，试点成功，再拓展到更多的城市；这种政治智慧，我们的国家早已熟练使用。

各位轻课同事：

2018 年已经过去了四分之一，而刚刚过去的 3 月，轻课的销售额也创下了历史新高，总体粉丝数量也有显著的增长，**而这次的新高有着极为不同的意义。**

- 并未依赖大型市场活动，如周年庆、“6 · 18”等
- 并未依赖轻课小伙伴单一公众号单一功能（之前的模板消息）
- 并未依赖单一项目组
- 并未依赖单一的增长模式

也就意味着，轻课的业务结构，相比半年或一年前，有着更加健康稳定的支撑，我自己也从未如此对轻课的未来有信心。这一切的局面，离不开全体轻课小伙伴的共同努力！大家做得很棒！

很多小伙伴都在月报里细说了自己的感受和成长。鉴于公司最近有很多新人加入，所以这次跟大家说一个非常基本但无比重要的概念：**MVP 数据验证思维。**

相信在轻课待了一段时间的同事，已经听说过“MVP”以及“数据”这几个词很多次了。我最近也因为一些事情，有一些触动，所以在这里再次跟大家聊聊。

去年我和两位小伙伴参加了CSPO（Certified Scrum Product Owner，即产品负责人认证）培训。这个培训持续两个整天，费用也不菲。这次培训给我很大的一个启发，就是培训老师对敏捷管理核心理念的阐述——最短时间内交付最大的商业价值。一句话，很精练，但是在不同的阶段，我自己的理解还是有很大不同。

之所以要在最短时间内交付最大商业价值，就是MVP数据验证的需要。一款产品设想再好，不经过数据验证，永远只是一个设想，不具备任何价值。而通过MVP的快速上线，快速验证，才是互联网最聪明、最有效的做事办法。

相信大家最近都看到，朋友圈越来越多的人在转抖音的视频。而公司也开始在抖音上发力，不同的项目组都在尝试做抖音，占领这一波流量红利。我自己刷抖音的感觉就是**上面的内容可以持续不断让我嗨，一直保持高潮、亢奋的状态。**看完抖音再刷朋友圈，会有很大的落差感，觉得很没有意思。另外，我自己也会因为抖音的推荐，去下载表情包、字体，以及下次要是去厦门，肯定要去看看那家土耳其冰激凌店，去了西安一定要喝一碗摔碗酒……

抖音之所以可以建立起一套算法，把用户黏住，在于它给用户推荐的每个视频，都是经过了测试一定会吸引用户，才会被推荐出来。而每一个新发布的视频，都会被分配一个流量池，通过观察这个视频在流量池（譬如200次展示给用户的机会）的相关比率，包括：

- 完播率
- 点赞率
- 评论率
- 转发率

通过以上的比率，就可以初步判断，这个视频对其他用户是否具有吸引力。只有四项指标都很高的，才会有可能进一步被推荐，获得更多曝光量。反过来，各项指标比率都高的视频，可以不断吸引用户、刺激用户、黏住用户。而抖音也构建了一个巨大的机制机器：短视频生产—小部分流量池验证—高比率内容推荐—用户不断被黏住—用户自发生产短视频。这个机器的核心就是这样的算法机制，奠定了当下最火 App 崛起的基础。

这其实也是一种 MVP 数据验证。先试一试，看看数据和比率再说。

所以抖音对很多互联网公司来说，都是重新洗牌。拥有快速应对、快速学习、强大执行力的互联网公司，可以快速适应。而现在还没有反应过来的公司，就有可能失去这一波抢占红利的机会。

同样，在销售领域，特别是几百人、几千人、上万人的销售团队里，也是把 MVP 数据验证思维不断发挥，发挥到极致。一个销售人员，都有着严格而精确的考核指标，比如，拿到了多少个 leads（销售线索），转化试听课有多少个，转化意向报名有多少个，转化后续成单有多少个。销售人员不管自己如何说擅长销售，如果不能通过数据验证，那么基本也算是白搭。

与之类似，MVP 数据验证思维还有很多场景运用。包括：

- 一个标题是不是高打开率的标题？
- 一个增长套路是否有效？
- 一个系统新功能上线后是否会有效提高用户在线时长？是否需要做 AB 测试？

……

就连爱奇艺的热门网综《偶像练习生》，也是通过粉丝对偶像的投票，不断进行 MVP 数据验证，来确保最后决胜的九人偶像团体，能够成为一个吸睛率、付费率、扩散率都超强的“印钞机”。

MVP 数据验证思维非常简单，但是我发现，我们很多同事都不愿意去做，不愿意去尝试。为什么？因为很多人都习惯于停留在自己的舒适区，同时 MVP 的尝试很多时候都是失败的。

在选拔人才、判断人才价值上，我自己其实非常看重这一点。希望大家始终铭记，轻课是一家创业公司，我们的价值观里有一条“敢于创新”，敢于走出舒适区，敢于在工作之余尝试做 MVP 数据验证。

真正做到了这一点，你就是轻课最有价值的人才。

2018 年 4 月

北京 · 紫光发展大厦

不增长，就死亡

这是公司发展最快的一个阶段。而我们的业务，除了在微信的增长外，在抖音，也有持续的增长，我们的“潘多拉英语 *By* 轻课”的账号，很快就有了 200 万的粉丝量。

公司在微信和抖音持续拓展，轻课舰队正扬帆航行。

各位轻课同事，过去的 4 月，在全体小伙伴的努力下，轻课整体月收入再创新高。同时在多个项目团队的努力下，我们对于在线教育的思考也在不断加深，什么产品有吸引力，什么产品只是一天 high 一下，什么产品可以持续不断增长……每天这些问题都让我兴奋而又焦虑着……

一、Up or Out ——不增长，就死亡

这句话是我们公司的一句标语，也是一道残酷的社会法则。在之前的周报里，我就说过“轻课不是一个家庭，而是一个军队”，既然选择了做互联网创业，选择了激烈的竞争和残酷的淘汰，那么就必须尊重互联网行业的规则——增长、持续不断增长、长期持续不断增长是第一要务。

公司近期有项目关停，发生这样的事情我也非常心痛，但理性思考又不得不去做出这样艰难的决定。对任何一家公司，都有聚焦和发散的边界，公司目前整体的逻辑分为两块：**在成人英语业务上不断扩大规模和优势，累积用户量；进军 0~6 岁的幼儿在线教育领域（早教和少儿英语），占领更大市场。**现在的潘多拉、阅读、单词、纠音业务属于成人英语业务，希望加和 IVYKID 属于幼儿业务，SaaS（Software-as-a-Service，软件即服务）项目组则为部分项目提供技术底层的支持。

短期内，轻课不会再开辟新的领域和业务，目前的几个主要业务在市场上都有很大的公司的业务可以做对标。任何一个项目如果能够顺利跑出来，都足以支撑轻课成为一家独角兽公司，直至上市。

二、微信红利

最近投资圈有篇文章特别火，标题是《微信里的机会，拼多多只是个开始 | 42 章经》，大家可以花 10 分钟看一看。我们经常说仰望星空，这篇文章就是很好的一篇文章，相信每个人看后都会有自己的心得和思考。

微信对在线教育有巨大的变革，所幸轻课自创立以来，主要也是押宝微信，才得以在两年半的时间内不断成长。我个人感觉，微信的支付、微信群、推送、强制使用、朋友圈扩散等功能，天然构成了在线教育的绝佳平台。在接下来的时间，我们依旧会基于微信生长，基于“服务号 + 订阅

号 + 小程序 +H5+ 微信群 + 朋友圈”，真正让更多学员开始学习，改变自己。

三、抖音红利

4 月，我们一个很大的经营亮点，就是在抖音上取得的突破。据不完全统计，不到一个月的时间，公司的多个抖音账号累计已有 200 多万的粉丝。这样的成绩很振奋人心。能取得这样的成绩，**一方面得益于抖音红利，优质内容可以很好地快速传播，另外一方面也得益于我们小伙伴的聪明才智和强大的执行力（一个字，就是“干”！），短时间内快速摸清门道，生产了高水平的短视频。给所有参与抖音拍摄的小伙伴点个赞！**

今天早上，我从家到公司，发现街旁时不时就传来各种熟悉的抖音 BGM。这款 App 现在已连续多日成为 App Store 排行榜第一名，中国互联网网民对短视频领域的时间消费也在急速上升。虽然抖音不会取代微信聊天，但它很有可能分走微信朋友圈、微博很大一部分的用户时间。另外，我自己刷了一个多月的抖音，我认为这是最快速的一个让用户建立认知的方法。所以接下来，公司各个项目组都将在抖音上持续投入，抢占先机。

四、致敬伟大的对手

战略上藐视，战术上敬畏并重视，这是我对待竞争对手的态度。在在线教育这条赛道，有许多互联网公司都在奔跑，市场是公平的，大家都在这条赛道上不断尝试不断探索，谁能够探索出一个新的模式，就可以领取奖赏，谁没能够想明白或反应迟缓，就将被市场无情地淘汰。

过去的 4 月，我们的友商们在各个领域都在不断探索，有些甚至耗资数千万，以新的入场姿势狠砸一条新的赛道。这些伟大的对手，既鞭策了我们，也在无私地做着大规模试验，替整个行业交学费。虽然没有跟他们有直接接触，但是每天夜里，我感觉跟他们都是心灵相通的。他们是如何思考、他们的焦虑、他们关注的、他们的心态……大家就像在解一道谜题，每个人想实现的目标都是一致的，但都在实现目标的道路上苦苦探索，披荆斩棘。致敬！

这次的月报比较琐碎，是自己对这一个月的一些思考，供大家参考。

2018 年 5 月

北京 · 紫光发展大厦

价值观 2.0：完整明晰的团队价值观

从 2016 年开始，我就开始一点点推进公司的价值观建设。

2016 年，我们的价值观只有八个字：用户思维，极致执行。

2017 年，我们的价值观更新成了 20 个字，更全面。

2018 年，我在混沌大学听了好未来创始人张邦鑫的分享，醍醐灌顶。不仅对好未来和张邦鑫的好感度大幅提升，我自己也学到了很多，写下了这篇月报来总结。

后来，我跟团队一起加强建设，把我们的价值观更新成了更为落地的描述和评分标准。整个价值观体系更具可落地性。而我也不断按照价值观的要求，在日常工作中不断提醒自己，以身作则。

毕竟，价值观只是一句口号，还是真实体现在团队，作为企业的掌舵者，CEO 的自身日常行为胜过一切。

各位轻课小伙伴：

本次周报，我们来谈一件重要的事情，**关于轻课团队的价值观。**

这个议题是我最近看好未来的创始人张邦鑫在混沌大学讲授**《组织文化：价值观打造方法论初步》**而来。我一共看了两遍，第一遍是自己睡前看的，第二遍是带着30多个公司的管理者一起看的。每一遍看下来，都有很多感触，如沐春风、顿开茅塞。很多之前自己没想明白的事情，都有了一个非常好的答案。

在这里，我把我最深的几点感受，与每一位轻课小伙伴分享。

第一句话：众生畏果，菩萨畏因。

众生，大部分人，害怕的是结果。他们害怕得病，害怕收入低，害怕自己碰到灾祸。

而菩萨，指的是有智慧的人，害怕的是事情的原因。他们害怕自己不锻炼、酗酒还抽烟而得病；他们害怕自己挥霍时间，不敢跳出舒适区；他们害怕自己平时不注意自身的安全，不去关注周围的环境而碰到灾祸。

因果律，统治万物最根本的规律，一个小孩子就非常明白的规律。但在成人世界，大部分人都还是选择性忽视。害怕结果但又不重视原因，等到结果降临时又怨天尤人。

第二句话：什么是使命愿景和价值观。

使命是一家公司的初心，是原点。

愿景是一家公司未来想做成什么样，是终点。

价值观是从原点到终点的行为方式，就是通过什么样的方式，从原点走向终点。

对轻课而言，我们的初心是让学习更轻松，让教育更平等。

我们的愿景，是成为最具价值的教育公司。

这条路很长很长，我们会有很多人加入，也有一些人离开。一家公司，是一群人共同的想象，而我们走在这条路上，就靠着我们的价值观——用户至上、正直坦诚、敢于创新、极致执行、团结共赢——一路一直走下去。

第三句话：价值观是从业务中长出来的。

轻课的价值观，最初叫“用户思维，极致执行”。后来在公司规模到三四十人的时候，我们发现最开始的价值观已经不再适用，于是我们十多个人，花了一两个月的时间，专门讨论这个话题。在去年年中的时候，我们达成了以下的共识：

我们必须“用户至上”，一切以用户为中心，因为为学员创造价值，公司才会有价值；

我们团队的人必须“正直坦诚”，正能量的为人方式，才能造就正能量的团队，才能“一个人走得更快，一群人走得更远”；

团队必须“敢于创新”，才能在不同的外部环境、内部条件下，展现不同的产品形态和组织架构，主动创造变化，引领进步；

业务必须“极致执行”，每个人靠谱，每件事靠谱，整个团队才能牛，整个产品才能牛，公司才能实现长期稳定的增长；

所有人都需要秉承“团结共赢”的信念，没有完美的个人，只有完美的团队，大家都能够为团队考虑，所有人才能实现自己长期的利益最大化。

第四句话：价值观要明确表达，还需要定期考核。

看完课程的当天，我的内心久久不能平静。第二天晚上，我把自己对价值观的初步理解，整理成了一个初步的解读和考核标准。

大家可以查看我们的最新版团队手册电子版，第一部分就是我们价值观的表达方式和考核标准。这个表达方式和考核标准，目前还是一份初稿，后续我们还将继续讨论和完善。

能力业绩与价值观，是轻课评价人才的两个重要维度。未来我们也将把人才成长计划做进一步升级，通过职级体系与价值观考核，来让真正为团队贡献价值、产生正能量的小伙伴，能够在轻课真正获益。

第五句话：大部分公司都做不到自上而下，更别提自下而上。

很多公司都希望自己能够像谷歌这样，能够自下而上驱动业务。但大部分的公司，其实连自上而下都难以做到，更别谈自下而上。

在实行项目制后，我们团队自上而下的能力得到了很好的提升，就拿抖音来说，很多大公司都希望能够把抖音做起来，但可能做了很久，依然没有什么效果，总粉丝量五六万，不少还是自己刷的。但是在轻课，当我们意识到抖音的红利后，公司各个项目组和部分职能部门，都能够快速动员起来，摸清套路，并快速将经验和模式复制。

也是得益于这一点，我们公司才能在短短几个月内，就快速抢占了一波抖音红利，实现了总体近 500 万的粉丝量积累，还成就了蓝 V 领域的第二大号，英语垂类蓝 V 第一大号。

在这里给所有为抖音做出贡献的小伙伴点赞！

第六句话：内在决定外在。

课程里张邦鑫老师举了个例子，好未来不是看办了多风光的会议，而是具体的事情是否做得扎实，譬如一个离职的流程，能否做扎实。这才是真正体现公司水平的地方。

这个例子，让我也深刻地反思了自己。过去的几个月里，我自己的精力太过注重在业务上，而在很多内部管理方面有所缺失。很多地方存在风险点，或者没能形成务实、成长的氛围。接下来，我也将会在这方面投入更多精力，也希望所有小伙伴共同努力，把公司内在做得更好，让公司的各方面都能够做扎实，做牢固。

最后，上周末，轻课的 30 多名管理者一起在北京郊区举办了半年的总结会。在会上，我们畅想了公司两年后的目标。回顾过去的两年，公司从一个四五人、还在民宅办公的小团队，成长为一家千万月流水、100 多名全职、有一定体量和影响力的公司。我们的发展，是当初远不可想象的。在会上，每个人都对未来两年后的轻课，有着非常美好的憧憬。但在这里，我依旧想说这几句话：

- **轻课将会越来越强调价值观驱动，如果你认同，那么请一直跟我们走下去。**
- **从我自己开始，会严格按照价值观要求自己和高管团队，为公司创造一个良好的氛围。**
- **轻课不是一个家庭，而是一个军队，是一支舰队。**
- **我们的征途是星辰大海，我们的目标是使命必达。**

2018 年 8 月

北京 · 紫光发展大厦

战略的本质即增长

小时候，经常听《新闻联播》说，要保持经济增长。天天听，没觉得有啥。

现在来看，我党真是有高超的政治智慧，经济增长是一切的前提，没有经济的增长，何来中华民族的伟大复兴，以及人民对美好生活向往的实现。

对一个国家而言是这样，对一家公司来说，增长也是一切的前提。

很多团队的问题都可以在增长中解决，增长本身就是所有问题的最好解药。有业绩，有增长，团队的积极性、斗志，都可以很好地被激发。

最后，问一个扎心的问题，你的收入在过去的三年，有没有持续增长呢？

各位小伙伴：

有些人可能还没有意识到，但2018年只剩下不到100天。今年从年初到倒数100天，轻课一直保持着高速的增长，也经历了很多变化，在明天的全员大会上我会跟大家详细说明。这次月报，继续跟大家分享我最近的思考和想法，算是我个人一些新的收获。

这次月报，主要跟大家说说我对战略的理解。

第一句话：战略的本质即增长。

大家乍一听，“战略”两个字，总是觉得特别虚，又特别厉害的样子。我自己在大学时，就接触过战略咨询、管理咨询以及其他的运营咨询，总觉得战略咨询是最厉害的。当时不懂怎么描述，就觉得是企业高层天天想的事。其实，一句话来理解战略，就是怎么样实现增长。

这里的增长，特指长期、健康的增长。有些团队不是一上来就增长，而是打磨产品花了一两年的时间。因为产品没有跑顺，直接就上大量的销售，是不可持续的。有些团队通过不合理的补贴来增长，但如果补贴不到位，不能形成核心的壁垒或习惯，那么这种补贴带来的增长也只是短期“打肿脸充胖子”。

第二句话：增长是所有人的事。

大家可能会觉得，增长这件事，是领导想的事，是项目组的事，是项目组 C 组的小伙伴需要做的事。跟我没啥关系，我做好我的本职工作即可。

这么思考，是严重的错误。

一家公司定的所有策略、招的所有人、做的所有事，都是为业务长期、健康的增长而服务。

有些岗位是直接服务于增长——项目组直接带来收入利润、各个销售运营岗位直接创造收入，但更多岗位在间接地为业务增长做支持。

- 脱离了良好的技术团队，我们的学员无法听课，无法学习。
- 没有好的教研师资团队，我们的学员会觉得课程质量差，购买页再漂亮，学员下单后也不愿意继续学习或购买更多课程。
- 没有高效的财务流程，我们的投放效率就会大大降低，无法快速反应。
- 没有强大的招聘能力，我们新引入的人才就会良莠不齐。
- 没有公平的激励制度和良好的企业文化，我们的优秀人才就会流失，劣币驱逐良币。

长期、健康的增长，是一家公司需要举全公司之力共同实现的一个目标。每个人都需要明白，自己每天做的每件事，都将或多或少影响公司业绩。每个人的价值，都与你为公司直接或间接贡献的增长息息相关。

接下来是第三句话：认知准确，执行坚决。

就轻课的业务而言，我们的定位是成人教育，包括我们的一些亲子相关的项目，其实本质上还是成人在付费，成人在督促学习。去年 8 月，我一直在思考，成人教育最关键的指标是什么？为什么我们做获客那么厉害，但是每天都忧心忡忡？我想了两个多星期，最终想明白一件事情：

成人在线教育最重要的指标是留存率。

获客再牛，如果留存差，一切都是短暂的狂欢。对成人而言，教育本身相比游戏、娱乐等大行业，就是低频、反人性、非刚需的。在轻课以前，大部分的成人教育产品，留存率都特别差。不管是高单价的线上线下，还是低单价的线上课程，我甚至还听到投资人这么理解这个行业：成人教育没有留存率！可见一斑。

但如果可以把留存率做起来，获客哪怕比别人差一点点，长期来看我们依然占有优势。而一个高的留存率，是用户可以续费、购买多科、转介绍新客的基础。所以，当我们有了留存率时，我们就有了一切！

想通这个之后，我兴奋地跟几个小伙伴分享了这个观点，大家纷纷表示认可。接下来，我们在过去的一年，轻课做的很多很多事情，都是围绕如何打造“留存率”来开展的：

- 我们发现很多用户都有强迫症，课程长就多学，短就少学，很少会自己选择。因此把课程时间缩短，来减少用户单次学习的“时间成本”，让用户不至于一次学得太疲劳。
- 我们发现免费课程的留存率一般不超过 2 个星期，所以即使免费可以吸引用户，但我们权衡许久，毅然决然全面开启付费。

- 我们发现社群的氛围有助于提升留存，还有助于多科转化，因此我们花一年时间建立起了班长团队，精心服务用户。
- 我们发现奖学金激励很有效，给用户设定一个明确的目标并实现，因此我们大部分课程都解锁了奖学金姿势。
- 我们发现很多用户在放弃几天的学习之后，就往往会彻底放弃，所以我们的课程都调整成了每天都必须坚持学习，强制养成好习惯。

  ……

身为轻课团队的一部分，如果你从去年开始就一直在轻课，不知道你有没有注意到我们这些变化，有没有思考为什么我们的业务有这些变化，这些变化背后的逻辑是什么？如果你有，那么说明你对我们的业务理解很深刻，给你一个大大的赞！

以上思考都是直接跟我们的产品相关。我们还有许许多多其他方面的思考，包括组织架构、企业文化等。基于这些思考，轻课在过去一年里，各方面都在快速迭代：

- 我们重新定义了一种新的在线教育产品——“轻运营型”产品，得到了很多同行的“认可”（他们都开始模仿）。
- 我们快速建立了 8 个项目团队，并倾尽资源着力打造出了几款准“爆品”。
- 我们的团队快速分化迭代，多元试错，快速成长。

这些迭代的结果，就是我们今年 7、8 月的收入流水，与去年 A 轮时相比，增长了近 10 倍，用户数大幅增长，而团队全职人数扩张还不到 1 倍。

所以，这三句话，我自己很受益，在这里分享给大家：

1. 战略的本质即增长。

2. 增长不是几个人的事，而是所有人的共同目标。

3. 增长的前提一是认知准确，二是执行坚决。

轻课目前的很多项目，都是在去年年中立项的。我们摸索健全了很多项目机制，我本人也深度参与了两个项目的整个环节。接下来，轻课将拓宽课程品类，围绕我们的主要用户——20~55 岁以白领女性为主的人群，继续开设新的项目组，推出新的产品。

与此同时，我们将通过内部和外部两个渠道，来发现更多的项目负责人。内部方面，我们启动了轻课舰长候选人计划，第一批面向部分骨干员工发布招募。外部方面，我们也取得了不错的进展。我们的目标，是每年都能成立一批项目组，并向市场输出两个以上的爆款产品。

今天跟大家分享我对战略的思考，就是**希望团队内部，在将来能够涌现更多具备战略思考能力的人才，丰富我们的舰长团队，或者成为各个项目组的骨干。**

轻课是一个充满机会的团队。在这里，有很多年轻人，只要敢想、敢拼、敢付出、学习能力快，你就可以脱颖而出成为骨干，甚至成为项目负责人。我们最近势头特别好的两个项目的负责人——极光单词的李同学和新媒体项目的衡同学，都是 1993 年出生的，今年才 25 岁。衡同学 2017 年 1 月加入，在轻课只有不到两年的时间，但是学习成长速度很快，成绩斐然，给衡同学过去的成长点个赞！

我希望，在我的努力下，每个人在轻课，都能有成长的速度、价值的实现、公平的机会（候选人计划第二期将公开面向所有人招募）。在将来，轻课能成为一家人人都想争着进来的“别人家”的公司。

2018 年 9 月
北京 · 紫光发展大厦

元思考之“分类”

从这篇月报开始，我系统地把自己的思考框架做了一个梳理，写了“元思考”能力的三部曲：分类、排序、提问。

当时我正在疯狂学习，每天看混沌大学的课程，每次看完都有很强的获得感。

此外，我每天还在跟美团的核心团队小伙伴接触学习，从他身上学到了很多美团内部的方法论，对美团内部学院派的氛围十分欣赏，对王兴、王慧文，崇拜得五体投地。

写下元思考三部曲，也是我自己工作、创业多年，对思考的思考和总结。

这次月报，跟大家做一个总结性质的分享：如何提升个人的价值，实现深度思考。希望能够帮助到各位小伙伴。这三个关键词，我日常也有提过，接下来通过几篇月报，给大家系统地做一个阐述。

我相信，一个人深度的、底层的能力，可以通过“分类”“排序”“提问”来体现，也就是通过对一个人对事物分类的能力、排序的能力、提问的能力，基本可以判断出这个人的段位和价值。

今天就跟大家来讲第一个关键词：分类。

以前刚开始工作的时候，我经常感觉有些领导很厉害，但总是说不出来为什么厉害，总觉得别人说的东西都很有道理，把自己“想说的话”都说了出来，但轮到自己表达的时候，总是表达不出来，表达不清楚。

当时，我特别痴迷于用 Google Reader，订阅了上百个 RSS（简易信息聚合），每天都阅读大量的新闻和新鲜文章，总是会接触到很多新鲜的词汇。我经常看各种短新闻，每天一刷就是两到三小时，看的时候很过瘾，觉得吸收了很多新东西，但看完后总感觉没有任何东西留下来。

现在看当时，我虽然每天都很忙碌，但一直陷入“浅度思考”的模式里，所有经手的信息都不能够形成体系化、结构化的思维，而是通过一些碎片、表层信息，不断刺激你的感官。这种感觉跟现在刷今日头条、刷抖音一样。所以日常浮现在我脑海中的，都是这些碎片，以至于表达的时候，我只能说：哎，我最近看到一个啥啥东西，太牛了！

不成体系的碎片内容，作为信息获取的一部分，可以让身心放松，但如果不经梳理、占据了信息的全部，那就是个灾难。

近期我在这方面亲身经历过的一个深刻的例子，就是与一位好友的聊天。这位好友是在做思享空间早期认识的一位创业者，在腾讯做了五年的产品经理。现在他在美团做策略，跟我们分享了很多美团内部的优秀思考逻辑。

当时我和敬之、李巍一起跟他吃饭，我们问了他一个问题：美团内部做不做头脑风暴？

轻课经常做头脑风暴的，所以我当时觉得，美团肯定也有很多头脑风暴，有很多创意都来自头脑风暴。

但当时他的回答让我很是意外：**我们一般不做头脑风暴，我们都是把所有的一级分类、二级分类全部写出来，一个个分析，一个个去尝试。**

一个好的分类可以让所有的小创意都形成体系，同时还能挖掘到头脑风暴之外，所有人都可能忽略掉的一些小细节。所以，当我们面对一个迷宫，最笨的但确保能走出来的办法，就是遍历，把所有可能的走法都尝试一遍，而毫无头绪地横冲直撞只会让你付出更多的时间。

分类的能力，是底层认知能力的重要体现。大佬们对这块的思考都非常深刻：

美团 CEO 王兴的“四纵三横”理论，就是对商业、互联网的重要“分类”，并通过这个分类准确把握了趋势，找准了自己的价值。

王慧文的 AB 理论，则一刀分出了腾讯和阿里，再一刀分出了阿里和美团。

王兴的“四纵三横”理论（2009年）

	资讯	交流	娱乐	商务
Web 1.0 Search	百度	腾讯	盛大游戏	阿里巴巴
Web 2.0 Social	新浪微博	人人网	开心网	美团
Web 3.0 Mobile	?	?	?	?

王慧文的“AB理论”（2017年12月）

A：供给和履约在线上	
B1: 以SKU为中心的供给	B2: 以Location为中心的服务

黄峥的分类维度

	资讯	视频	商务	场景
PC	百度	优酷	淘宝	流量逻辑-搜索
Mobile	今日头条	快手	拼多多	人的逻辑-推荐

而拼多多 CEO 黄峥则根据人与物的匹配逻辑重新分类，PC 端基于搜索，而移动端基于推荐。

按照这个逻辑，轻课也是主打移动端、基于社交关系推荐的人与课程的匹配。在 PC 时代，搜索学习英语的人不多，但在移动时代，当你的朋友、你认可的 KOL 都在给你"推荐"一款英语学习产品，它所能撬动的市场，带来的效应将是 PC 端不可比拟的。

战略上的好分类，可以构建一个新的商业模式。那一个组织内部的分类，则清晰地让这个组织高效运转。

一年前，轻课是职能化的内部分类法，分成市场部、教学部等，后面我们重新分类成了前台、中台、后台，并明确了什么叫前台、什么叫中台、什么叫后台，分别对应什么样的权力政策和业绩激励制度，从而让公司可以自动高效运转起来。

对前台项目组内部的分类，之前也比较混沌，后来大家都借鉴了潘多拉项目组的"ABC"组的分类，对在线教育产品的商业闭环不同职能有了统一的界定，A 组负责产品技术 UI，B 组负责教研师资内容，C 组负责销售运营增长。项目内部标准的清晰划分，让管理变得更加轻便，也让跨项目的沟通交流成本更低。

对人才的分类，通过价值观、能力业绩两个维度，可以分成四到五类，如下图，一个清晰的分类可以让管理者清楚地对下属进行盘点，同时让每个人也对自己在组织里的角色进行清晰的定位。

对众多的对象要实现好的管理，我们也经常听到一个词——"分级"。"分级"本质上其实是"分类 + 排序"（排序我将在下一篇月报里讲），就譬如我们经常听到的 S 级、A 级、B 级（S 级是 Super 的缩写，从游戏、动漫领域借鉴过来），青铜、白银、黄金、钻石、王者等。

分类不仅可以在"战略""管理"上有重要的作用，对"个人"的成长而言，分类也是一种很重要的思路。

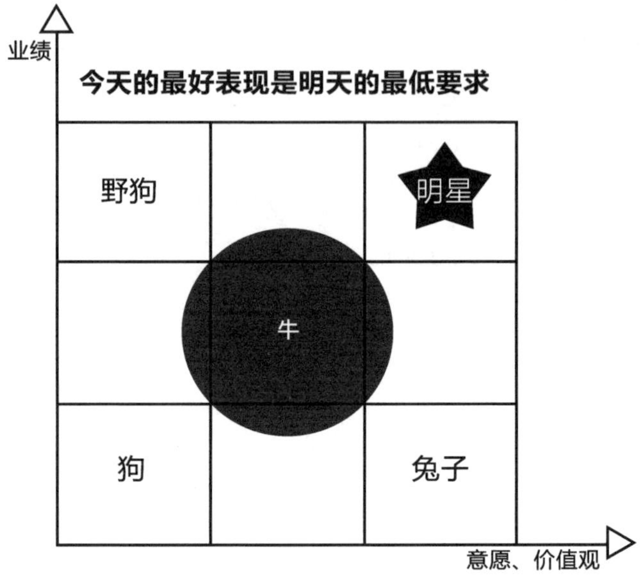

每个人的时间，根据大项分，可以分成工作和生活两个一级大类。在生活这个分类下，又可以包括睡眠、吃饭、休闲等二级分类，在休闲这个分类中又可以有更多细小的分类。

而工作这个分类下，一般是根据内容来分，譬如，一个内容编辑，会把工作分成写逐字稿、找图片、编辑上传等。但是这种分类是非常表面的，如果我们不断使用新的分类逻辑，会得出更多认知和结果。

根据结果确定性的不同，工作可以分成“流程”和“探索”两个类别，每天上班打卡，做变化程度不大、结果相对确定的事情，可以归类成“流程性事务”，而不确定、探索未知等可以归类成“探索性事务”。

结果确定性只是一种分类维度，对管理者而言，还可以把自己的工作根据“通过自己拿结果”和“通过别人拿结果”，分类成不同的板块。那么为下属制定 OKR，就是属于“通过别人拿结果”，而在上面的分类中，自己去做探索型的事情，又变成了“通过自己拿结果”。

我经常会在面试中问对方一个问题：说说你的上一份工作有哪些内容，分别占用多少时间？通过面试者对这个问题的回答，我可以判断出对方的“元思考”能力：他分类的标准是什么，表达是否清楚，回答是否准确。有面试者经常回答着就跑偏，陷入一些小的细节里出不来了，这种面试者往往实际工作抓不住重点。

这个问题我也推荐给所有轻课的小伙伴，希望大家每天、每周、每月都思考一遍。我们的月报制度里头也有很多类似的问题，让大家每个月写一次月报，也是一种强制输出。

分类是“元思考”能力的重要体现。不管是传统企业还是互联网，不管是中国还是外国，不管是古代还是现代，你对事务分类的逻辑，以及分类的能力，就代表了你对这项事务的思考、认知和处理的能力。

2500 年以前，孙子曰：

兵者，国之大事，死生之地，存亡之道，不可不察也。

故经之以五事，校之以计，而索其情：一曰道，二曰天，三曰地，四曰将，五曰法。

道者，令民于上同意，可与之死，可与之生，而不危也；

天者，阴阳、寒暑、时制也；

地者，远近、险易、广狭、死生也；

将者，智、信、仁、勇、严也；

法者，曲制、官道、主用也。

凡此五者，将莫不闻，知之者胜，不知之者不胜。

经典著作《孙子兵法》一开篇，就对敌我分析逻辑进行了明确的分类，包括五个一级分类：道、天、地、将、法。又立即对每个一级分类分别展开进行了二级分类……在 2500 年后的今天，这种分类逻辑依然适用，任何一家公司，都可以通过这五个维度进行套用。

在后面《孙子兵法》的部分，又分为战略运筹、作战指挥、战场机变、军事地理、特殊战法，做了更多的详细的阐释。通篇根据《金字塔原理》，系统性地概述了如何用兵作战。

一本牛的书，字数不在多，而在于它的分类逻辑牛，这也是《孙子兵法》流传 2500 年，到现在依然鲜活、有生命力的原因。

以上就是我对体现价值、深度思考的第一个关键词“分类”的一些思考。

时代在变、社会在变，不断变化的背后，我们抓住不变的本质，才能不断提升自己的价值。下次月报会继续跟大家分享后面两个关键词的一些心得思考。

2018 年 11 月

北京 · 紫光发展大厦

元思考之“排序”

本次月报是元思考三部曲的第二部：排序。

排序的重要程度，不言而喻。现在的我依旧认为，排序能力，直接决定了每个人每天做的事情，以及每个人能不能有效把握本质来解决问题。不管是艾维·利时间管理法，还是 *PDCA* 的循环法里，都有抓重点的要素。

你是不是一个擅长排序、擅长抓重点的人？

各位轻课同事，本次月报继续承接上一期月报的“分类、排序、提问”元思考三个关键词，跟大家聊一聊我自己关于“排序”的理解。

首先，和大家再次品味一个经典作文素材，相信这个故事大部分人都听说过，没事，我们再过一遍。

课堂上，老师拿了一个玻璃杯，里面放了一个大石头，差不多和杯子一样大。

老师问大家：杯子满了吗？一个学生回答：没满，还可以放沙子。

待学生放完沙子，老师又问：满了吗？全班同学回答满了，有一个男孩却回答没有满，还可以放水。

这个故事的解读，想必大家也听老师说起过。

一种解读是看起来到了极限，其实还有很大空间。而对这个故事的另外一个解读，则与本次月报的主题非常贴近：**做事情一定要分清重要程度，重要的先做，不重要的后做。如果你的时间都被不重要的“沙子”占满，那么重要的事情就无法完成。**

这个故事很鸡汤，但很经典。创业几年后再次回味，依然非常受用。

一个人对不同分类排序的能力，充分体现了一个人“元思考”的能力。

在最开始创业的时候，我其实对于“排序”的概念还比较模糊。真正第一次深度思考排序这件事，是有一次参加敏捷开发培训。培训老师对Product Owner（产品负责人）的课程给我启发非常大，我多次听到“优先级”这个关键词，并且接触到敏捷开发的核心理念是“最少时间交付最大的商业价值”后，我对这句话深深认同。

为什么要做排序？本质上是因为稀缺。

一个人的时间是有限的，一个组织的资源是有限的。经济学的核心理念，也是稀缺性，对于任何个体和组织亦然。

我们反思自己，或者看一个团队，不仅要看他们如何做“分类”，还需要看他们如何做“排序”。很多时候，仅仅是排序的变化，就需要许多人的努力，而这个排序的变化则会带来完全不一样的效果。

最近在小伙伴的推荐下，我看了一部非常好的电视连续剧——《历史转折中的邓小平》。我在三天时间里快速刷完了48集。回看我们国家我们党的历史，感觉无比震撼。在这里也推荐给大家看一遍。

我对里面的一个细节非常有感触。

在粉碎“四人帮”之后，我们党在相当长的一段时间内，首要工作还是以阶级斗争、批判“四人帮”为主。为了改变这一现状，邓公和很多党内开明人士，付出了非常多的努力，最终才在十一届三中全会的时候，把首要工作改成了“改革开放和社会主义现代化建设”。

在取得全党共识，开始进行这一转变之后，我们国家的经济腾飞才得以开始。在当时，这是一次非常大胆的转变，其艰难程度，只有经历过那个年代的长辈才能理解。

对于一个国家而言，有许许多多的事情要做，并且需要同时做。但首要和主要任务是什么，这件事情非常非常重要，因为这决定了一个国家的时间、精力、资源怎么分配。

我们经常看到一些厉害的人，在总结的时候，都是总结成“3点”，也就是做成三个分类。为什么？

我的理解，其实后面4、5、6、7、8、9也是可以说出来的，但这些都不重要了，因为1、2、3是根据排序最重要的三点。特别是1，这也是为什么有一个很火的词，叫“第一性原理”。

我们衡量一个人总结的3点是否准确，就是看这个人能不能有效地把所有因素考虑在内，然后把重要程度排名第1、2、3的因素有效地找出来，特别是对排名第1的因素抓取是否准确。因此，一个人的排序能力，也是他的“元思考”“元认知”能力的一个重要体现。

李善友在混沌大学最火的一门课，叫《认知升级之第一性原理》，有一个细节让我印象非常深刻，他是这么说的：

“什么数字特别适合组织思维模型？”

我第一是想到了“7”，因为“7”有 Seven Habits（7 个习惯），麦肯锡有一个 7S 模型，也是 7。

后来我学习中国传统文化，我发现“5”这个数字非常重要，因为五行，金木水火土。

后来我觉得“5”还是复杂了，想到了“3”，中国讲三才，天时地利人和，取势明道优术。

后来还是复杂了，我又变成了“2”，“2”代表什么？阴阳。

但王东岳跟我说，从“7”到了“5”，到了“3”，到了“2”，都还是在现象上分堆而已，对任何一个知识的掌握，如果不能追到“1”，那么一直都是现象上的分堆。如果能够找到“1”，那么就是穿透了现象，找到了下面的根本。

永远找到“1”，追求终极。

对一篇文章而言，标题就是那个“1”。

对一家公司来说，创始人就是那个“1”。

对乔布斯来说，重返苹果抓产品，就是那个“1”。

对邓小平在粉碎“四人帮”后接手工作而言，“解放思想实事求是”，就是那个“1”。

因此，当时我们不管是总结复盘，还是设定待办，在众多盘根错节的事务中，我们都要找到最重要的 3 个点，尤其是最重要的“1”点，那“1”件事。很多时候，在千丝万缕、盘根错节的事情中，找到你心中排序为“1”的事情。然后开始做，如果找对了这个“1”，那么很多事情都可以迎刃而解。

今天分享了那么多，我们可以看到，排序的能力，找到“3”的能力，找到“1”的能力，体现着一个人的底层思考能力。我们经常说，你这个人说话没有重点，就是在于表达的时候，那个“1”没找对。

1 代表本质，2、3 是重要补充，4、5、6、7 不重要了。希望每个轻课小伙伴都可以在日常工作中，培养自己排序的能力，让每天的事情更加有重点，更有力地抓住本质。相信你的工作生活一定会因此改变。

以上就是我对体现价值、深度思考的第二个关键词“排序”的一些思考。与大家共勉。

2018 年 12 月

北京·紫光发展大厦

元思考之“提问”

本次月报是元思考三部曲的最后一部：提问。

跟不同的人聊天，其实可以从对方的提问方式，来判断对方的段位如何。

至此，三部曲全部分享完成。

各位轻课同事：

2019 年已经来到，新的一年开篇，继续与大家一起精进、学习。这次是元思考三个关键词的最后一个——“提问”。

首先，我们先来理解两种不同的思维方式：海绵式思维和淘金式思维。

拿我自己举个例子。刚步入大学的时候，我是一个很容易被人说服的人。我加入社团后，非常崇拜当时的部长和副部长，比如一件事情，学长学姐说两句，我就觉得，哎，有道理，他/她说得对，应该按照他/她的来。

但我当时还听了另外一个学长的一句话，可以多加入一些社团，感受一下不一样的社团氛围。我信了，加入了两个风格迥异的社团，遇到了风格迥异的“领导”。而在不同领导手下干事的感受差别，让我慢慢有了独立的思考判断。

第一个社团，风格讲究“有爱和奉献”，讲付出，讲在一起的各种温馨和感动的场景。最典型的一次感恩节活动，通过现场氛围的营造，让很多干事都被现场活动的温馨景象打动，流下了感动的泪水，并表示，愿意与社团一直走下去，为社团奉献青春，干的活儿再苦再脏也乐意。

第二个社团，风格讲究“学东西与实际价值”。整一个学期，我们没有做任何节日活动，但我的学姐都会给我布置很多任务，然后教我应该怎么思考、怎么平衡关系、怎么来做事，最后还不断为我争取实实在在的机会。

我的大二，在两个团队都付出了很多的时间。当时我还属于“海绵式”的思维，觉得两个团队都挺好的，一个温馨，一个实用。两个学姐一来找我，我就被说服，从来不说 NO。直到大二第一学期结束的时候，我突然在心里给自己提了这几个问题：

两个团队，哪个才是真正意义上对我好，值得长期做下去？

社团对我的价值是什么？我对社团的价值是什么？

我在做选择的时候，应该怎么来定自己的衡量标准？什么才是重要的？

后来，我选择了第二个团队。虽然第一个团队给我带来很多的温情和感动，但在这样一个团队，我无法实现个人技能、认知和机会上的收获，带我的领导非常会安慰我、鼓励我、照顾我，但我只能收获友谊而学不到真正有用的东西。

相比之下，第二个团队，虽然带我的学姐经常“骂我”、对我各种挑剔，甚至因为我没做好一些小事而“情绪化”，但给我的压力让我成长飞快，给我的指导也让我学得更多，给我的机会更让我能看到更大的世界。

于是，在大二第二个学期，我毅然决然告别了第一个社团，把精力放在了第二个团队，进入了校团委宣传部。我现在都非常感谢在宣传部的那段经历，让我从一个小干事，成长为能够独当一面的人，能够带一个团队去完成一个重要项目，第一次锻炼了自己的组织能力和领导力。

现在回想，在这半年里，我一开始的思维模式是“海绵式”思维。这样的思维模式，是“被动”的，它不需要我绞尽脑汁苦思冥想，来得轻松而又快捷，让我对所接收到的一切深信不疑。因此，在两个团队，我都干得非常卖力，没有觉察到两个团队其实存在很大的差异。

而当过了一个学期，我慢慢有了“淘金式”的思维模式，这种思维模式是积极主动的，基于当时我对自己的三个提问而产生。我不断在心里做辩论，有了自己的立场和角度去做决策和选择。

如果没有“学会提问”这样的批判性思维，我也许会继续待在两个社团，甚至会因为第二个社团学姐的苛刻态度而离开。但后来我自己回看当时的选择是非常正确的，也正是有第二个社团的经历，让我有机会和能力在学校里开始组建自己的团队创业。

在轻课所采用的 OKR 管理工具中，有一个很重要的与 KPI 的区别，就是把目标（Objective）放在了前面。因为有了目标后，整个的思维模式，就从被动接受的“你应该做什么”的海绵思维，变成了更为积极主动的“为了实现这个目标，我应该做什么”的淘金思维。通过这样，把 OKR 的设定变成了一种“提问”和“解决问题”的过程，相比直接制定 KPI 显得更为明确、主动。

接下来，说说提问能力的另一个要点：看不见的比看得见的更重要。

相信大家都听说过“冰山理论”。由于冰密度是水密度的 90%，因此一座冰山真正展示在水面上的只有十分之一，更多的其实被隐藏起来。而如果我们只凭借我们“被动”接收到的信息来做决策，这样的决策是低质量、无效的。而挖掘剩余“冰山”的一个很好的办法，就是“学会提问”。

在我们工作中有很多这样的例子：

- 招人的时候，我们为什么不能凭借简历就直接招人，一定要面试，不断提问？

- 两个下属吵架了，我们为什么不能只听一面之词，而一定要听双方的描述，不断提问，最后才能做决策？
- 用户调研的时候，我们为什么要不断提问，询问用户喜欢 / 不喜欢的理由，以及背后的逻辑？

大家可以发现，每天的交流过程中，我们的交流对象，都会出于一些目的，主动或被动地把很多信息隐藏起来。而学会提问，不断追问，这样的能力可以让我们探寻到冰山的全貌，从而更客观、全面地对一件事物进行判断决策。

举个例子，我以前非常相信媒体。刚创业那会儿特别相信创业媒体，看到一家公司融资了或者发布了什么新的产品，里面的描述总是让人十分振奋，觉得这个产品或者模式太牛了！

后来，我慢慢发现，很多我之前觉得媒体上曝光过的、厉害的公司，都不行了，没能活下去。再到后来，我自己做公司，接触媒体，通过媒体传达信息，我才深有体会，媒体上的信息，都是别人希望你知道的信息，而这些信息的真实性有很大的问题，而在这些看得见的信息之外，那些看不见的信息，才更为重要。

因此，我们在面试一个人的时候，简历上的信息，都是别人希望你看到的信息，而更值得决策参考的，是简历之外的信息，需要你不断提问来问出来。我们在调解两个吵架的下属时，并不是先告状的就一定是对的，需要你向两个人来提问，从而发现背后真正的问题根源。我们之所以要做用户一对一的调研，也是因为有时候问卷或数据只是冰山一角。在这冰山一角的背后，需要你不断提问，来找寻用户的根本诉求。

人和人交流的场景，特别是一对一或小范围交流的场景，本质上就是“提问—回答”的场景。判断一个人是否具备很强的批判性思维或者逻辑思维能力，不仅要看他如何回答一个问题，更要看他如何向你提出一个问题，或者如何向你追问一个问题。

同样，人反思自身的过程，也是一个“自己提问、自己回答”的过程。我们每天都要做大量的决策、判断。学会提问，学会批判性思考，会让我们更好地看清全局，不被“表面”带到坑里，更好地在沙漠里“淘金”。

以上，就是我对“提问”能力的一些思考。也是个人对体现价值、深度思考的三个关键词所做思考的最后一篇。我相信，一个人深度、底层的能力，就是看他如何做“分类”“排序”和“提问”。也希望每个轻课小伙伴都可以不断锻炼自己这三方面的能力，不断精进，成为一个很“厉害”的人。

2019 年 1 月

北京 · 紫光发展大厦

以奋斗者为本（一）

华为任正非经常挂在嘴边的一句话：以客户为中心，以奋斗者为本。

一个是客户，一个是团队，这总结得太精辟。

如何打造更好的团队，如何激励更好的团队，这两个问题，一直都是我当时日常思考的细节。

各位轻课同事：

连续写了三次月报，都是跟“元思考”相关。今天这次月报跟大家聊聊我们轻课，我们的团队和业务。

近期我个人的学习中，对杨国安的“持续成功＝战略 × 组织能力”这样一个概念非常认可。我们近期轻课的战略，可以用这句话来描述：

我们是一家数据驱动的教育公司：以用户为中心，以奋斗者为本。我们致力于打造“英语 +Platform”的产品和团队矩阵，成为最具价值的教育公司。

上面这句话我在年会的时候跟大家说过。接下来，我用两篇周报，跟大家来讲三个问题：

- 轻课为什么要以奋斗者为本？
- 应该以什么样的奋斗者为本？
- 怎么样以奋斗者为本？

提前预警：本次月报的话题很尖锐，可能会让一些人不开心。但北上广不相信眼泪，我们是一支军队，我们的目标是使命必达。

问题一：轻课为什么要以奋斗者为本？

2012 年，我刚刚参加工作，是在一家政策性银行总行。当时工作的第一项任务，就是给华为做“授信”。“授信”的意思，就是一些优质的企业客户，在银行拥有的“信用额度”，而这些企业可以在这个“额度”之下去贷款，有点类似信用卡的“信用额度”。当时我研究完财务报表，提交上会给评委讨论的时候，有一个评委就说“像华为这样优质的公司，给一年的授信期限太短了，可以直接给三年”。我当时还挺震撼的，因为其他公司上会时都是被评委各种挑剔，减少额度或者减少授信时间，第一次碰到评委主动提出放宽条件的公司。后来随着社会阅历的增加，我发现华为和任正非，的确是非常值得尊敬的。

“以奋斗者为本”，是华为内部非常响亮的一句口号。华为经历20多年的发展，已经成为通信领域当之无愧的老大，营收比BAT之和还多，也是非常罕见能够在TO B和TO C端都获得成功的公司。

有些企业提倡“以人为本”，希望给所有人都提供高福利。我认为“以奋斗者为本”，是“以人为本”更为“市场化”的一个表现。在市场化的环境中，一家公司能够脱颖而出的前提，就在于这家公司能不能通过一个有效的机制和环境，让奋斗者心甘情愿地做出贡献，创造价值。

轻课现在还是一家小公司。轻课的成功，一定是业务上的成功，而不是融资上的成功，一定是轻课的奋斗者创造的结果，而不是来自只会说不会干的人到处吹嘘。因此，在这一点上，轻课将会坚持“以奋斗者为本”。我很重要的一个责任，就是发现奋斗者，激发奋斗者，同时为奋斗者提供一个合适的组织环境，让有能力的奋斗者可以发挥自己的才干，带领团队闯出一番天地。

问题二：轻课应该以什么样的奋斗者为本?

一家企业在发展过程中，有两个现象非常值得思考：“套娃”和“垄断”。

先说说“套娃”。俄罗斯套娃是一种特殊的木制玩具，由多个图案的空心木娃娃组成。在管理上，有一个“套娃现象”，是指因为不安全感和追求掌控而产生的一种现象，管理者倾向于找“不如自己的下属”，从而导致组织一代不如一代，最终走向衰弱。

如果问大家一个问题，个人利益是不是应该服从集体利益，相信大家的普遍共识，都是应该服从的。但，我们在日常工作中真的做到了吗？一个组织，如果招募的人一直都不如自己，那么也就意味着一个组织衰败的开始。

对于个人而言，一直招比自己“弱”的人，是“个人利益”的“短期最大化”，因为这意味着，我可以很轻松地掌控，这个人也不会对我产生太大的威胁，不可能成为我的上级（不得不承认，以前是下属，几年后成为自己的上级，这是一件很打击人的事情），我也可以因为目前下属的能力差，不用逼迫自己学习成长，就可以轻松把控下属。

但对一个组织而言，没有“厉害”的人加入，就意味着这个组织失去了成长可能性。如果每个人都过得很“安全”，那么大家也就没有“精进创新”的意愿和压力。组织竞争力不强，人才密度不够，也终将被市场淘汰。

再说“垄断”。首先，垄断不是一件坏事儿，因为人类发展的一个很重要的标志，就是“专业化分工”，一个人在一个组织一定有分工协作，并且出于统一管理、管控的需要，一些岗位在内部就是应该“绝对垄断”，譬如，统一的视觉风格、财务、资产管理等。但如果公司的条件合适，在内部应该拥有一定的环境，允许特定的岗位、职能甚至产品层面适度“竞争”。

大家熟知的微信，当年在腾讯内部同时有多个团队在做，广州 QQ 邮箱团队率先做出，并获得可观的用户量，最后脱颖而出。同样在阿里，聚划算这个团队也是在阿里五个团队的厮杀中战胜他人，最后承担了阿里的主要团购业务。在与一些关停掉项目的创业者交流时，我经常听到一句话：“我们公司当年其他方面都不错，就是 ×× 太弱了，但负责这个职能的人吧，也是很早加入我们团队，就是一直没有探索出来。”我非常理解这个创业者的心境，也明白在早期的格局下，专业化分工和垄断很有可能是一回事，而因为一个人能力不足，最后搭上的是整个公司整个团队的命运。

针对这两个问题，我认为，一个一流、优秀的骨干奋斗者，应该需要具备这样的特质。

第一，胸怀。

有句古话是“宰相肚里能撑船”。一个人的成就，除了能力之外，还要看这个人的胸怀。这个人是不是一个斤斤计较的人，能不能抓大放小，对小事“容忍”，对大事“坚持原则”。能不能在大是大非中，不计较个人得失而以大局为重。国民党相比共产党，最后失败很重要的一个原因，就在于国民党内部各个部队都以“自身利益”为重，而共产党的各个骨干将领，都能够服从战略布局和决策，对国民党军队分开打击，各个击破（对的，就是集中优势兵力各个击破）。

因此，胸怀，决定了你能否容忍。

现在能力不如你，但凭借学习能力，未来在职级上超过你。

现在收入不如你，但凭借对公司的贡献，未来在收入上超过你。

现在权力不如你，但有条件跟你做同样的事情与你竞争，未来在业绩表现上超过你。以及当个人利益与团队利益发生冲突时，能否在大是大非前坚决服从决策，而不是拥兵自重只追求自己安全。

这几个问题很尖锐。但一流的人才，都善于给自己“挖坑”而不是“守成”。一流的人才面对竞争都有着彪悍的战斗风格和规则意识，反向激发出自身的危机感从而更好地战斗，最后凭借战绩让自己成为“奋斗者”。一流的人才，都能认识到“覆巢之下无完卵”，从而更好地理解个人利益与集体利益。

第二，学习。

理性程度决定了一个人的胸怀。但人无完人，包括我自己在内，都也有感性的成分。一家完全不考虑个人利益的公司，也不是好公司。我认为，最好的保持自己职场竞争力的行为，就是不断学习。

经常听到一句话：“CEO 是一家公司的天花板。”每次我就在想，自己是不是一个合格的 CEO，个人在过去的时间里，是否保持着学习的状态。另外，我有没有营造出一个良好的学习氛围，让团队中爱学习的小伙伴，通过轻课学习到什么。轻课就是一家做教育的公司，我们自己是离学习最近的用户，如果我们自己都不能保持学习，那还有什么理由来苛求学员保持学习状态呢。

互联网和金融，是两个非常吸引人的高薪行业。相对而言，金融行业还有“牌照”的限制，不是任何人都可以从事的。互联网行业的高薪，就在于它是一个不断推陈出新、随时代变化的行业，需要一直保持学习的状态。三年前的知识技能经验，很可能在三年后就更新换代。三年前的市场，在三年后也不再一样。而也正是这样的环境，给任何能够把握时代机遇的人以成功的可能。在美国，很典型的一个变化就是话语权从华尔街转移到了硅谷。一个人一辈子改变命运的机会不多，当机会来临时，你过往的积累，能够让你脱颖而出吗，还是“书到用时方恨少”呢？

第三，命强。

我非常喜欢的一篇文章，是关于“势能命运”的。大家有时间可以先看一下，里面有作者对“命”的定义：

简单的一句话：“命”是在给定认知的前提下，人会如何行动，如何下注，如何取舍。

我信奉风险与收益成正比。在投资领域，“命”代表你会下注下多少钱。而对大部分人而言，“命”代表为一件事情你会付出比别人多多少的精力，也就是“多拼”。

“拼”包括很多，如时间、专注、上心程度、主动程度、资源投入程度等。我大学时经常带团队刷夜，得了一个绰号“拼命三郎”，因此我自己在看人才的时候也偏好“拼”的人，因为这意味着更高的成功概率，以及更高的回报。

以上三点是我认为优秀奋斗者需要有的几个特质。我在接下来提拔干部、职级晋升的时候，也会考虑这些因素，让拥有这种特质的人在轻课发挥自身的价值。我相信，越来越多这种特质的人在一起，一定能够“核聚变”，产生很强的能量，让轻课走得更远。

最后一个问题，关于轻课目前是怎么样以奋斗者为本，我将在下一篇月报中展开。以上就是我对“以奋斗者为本”的一些初步想法，希望能够给大家带来收获。共勉。

2019 年 2 月

北京 · 紫光发展大厦

以奋斗者为本（二）

本文来回答上篇月报最后一个问题——轻课怎么样以奋斗者为本?

各位轻课同事:

本次月报继续上次的话题，首先我们再来回顾一下我们的战略:

我们是一家数据驱动的教育公司：以用户为中心，以奋斗者为本。我们致力于打造“英语 +Platform”的产品和团队矩阵，成为最具价值的教育公司。

关于轻课战略中“以奋斗者为本”。关于这句话的解读，在上一篇月报中通过三个问题来展开，分别是:

- 轻课为什么要以奋斗者为本?
- 应该以什么样的奋斗者为本?
- 怎么样以奋斗者为本?

前两个问题，在上一篇月报中，我已经跟大家阐述。**今天，我将用一整篇月报的篇幅来说说，轻课接下来将怎么样以奋斗者为本。**

首先说明，这是一个非常长期的话题。而我也会因为自身能力限制，在不同阶段对这个问题理解程度不同，从而产生不同的解读。因此，本次月报的内容仅代表我当下的一些思考，未来一定会不断迭代。

一、对人才的培养

对人才培养的核心逻辑，可以通过一句话概括，就是：**不断走出舒适区。**

大部分人都能够理解这个问题，**但真正自己面对这个问题的时候，往往又会采取停留在舒适区的策略。**举个例子，有一种效应叫“禀赋效应”，也就是人常常会高估自己已经拥有事物的价值，而对不属于自己的事物往往会低估。因为高估已经拥有的事物，就是一种“停留在舒适区”的表现。而真正要“不断走出舒适区”，是很难的一件事情。

举个例子，我自己大学的时候想创业，但我当时考虑的创业方向，都是跟大学生有关，为什么？因为我当时所看到的、感受的、理解的、生活的，都是跟大学相关，而我会天然地认为，这些事情会有价值，“高估”我所理解的基于大学的商业模式。现在我再回看当年的想法，会觉得非常不成熟，这就是我当时“不愿走出舒适区”的一个重要表现。

所以，对人才的培养，就是通过一系列的机制，让轻课的人才可以不断“走出舒适区”。那么，具体的措施有哪些？在这里说说我的一些想法。

1. 所有岗位：职级晋升制

我们从去年开始搭建的“职级和晋升体系”，相比之前非常“跟着感觉走”的涨薪体系，是一个更为科学、更符合成熟公司的制度。在体系搭建好后，要实现更高的收入，需要与上级或序列委员会商议下个阶段的“关键目标”和“能力素质项”。设定的过程，就是告诉每个小伙伴，你的学习区是哪里，从学习区到舒适区需要经历哪些具体的事件，并且应该达到什么标准，才能够完成对应的职级提升，从而获得薪资的上调。

这是最基本、针对所有岗位的一项人才培养制度。

2. 核心岗位：轮岗制

目前轮岗制在轻课还没有很好地实行，但近期我向一些大公司学习，经常发现有很多非常厉害的业务骨干，他们自己的经历都非常丰富。从一线业务再到职能管理，再从职能管理到投资业务。轮岗制最大的阻力是来自轮岗上级的阻力，当然我也非常理解，通常有资格或愿意轮岗的人才，都是优秀的人才，而这种人才的选拔、培养，都需要上级付出非常多的精力和心血，而一个得力的下级，可以分担上级非常多的工作，因此这种走出舒适区，更多的是需要“上级走出舒适区”。

但，只要轻课的目标是成为最具价值的教育公司，我们就一定要尽快在将来进化出“轮岗制”的土壤。因为没有人才的合理流动，我们就无法培养出复合型的人才，组织也会成为一潭死水。轮岗制的土壤既包括企业文化，又包括具体的规章制度。也许会触动到很多人的利益，但为了公司整体的利益，这件事情一定要在后期做起来。

3. 负责岗位：任期制

一家公司的瓶颈，是这家公司的 CEO。一个部门的瓶颈，就是这个部门的负责人。所以，当一个部门负责人的能力、成长速度，不再适应公司发展，那么这个部门负责人再努力，也无法带动部门成长，为公司创造更高的价值。世界上大部分有活力的国家，其领导人都采用的是“任期制”，这从制度根源上，能够降低一个国家的命运因为一个人能力或视野的限制，而被带偏的风险。

在读了华为《以奋斗者为本》这本书后，我惊讶地发现，华为内部的一部分核心岗位，也采取了“轮值任期制”的理念。受华为的启发，我们也将在轻课试点“轮值 COO”这样一个职位。之所以设置这样的职位，是因为目前我身兼的职位较多，汇报对象也很多，而一个人的精力有限。如果对所有方面都关注，到最后可能无法做好任何一方面。“轮值 COO”这个岗位，主要目标是更好地建设我们的“中台”，带动我们的中台各个职能部门加速发展，尽快建立起“小前台 + 大中台”的敏捷团队模式，助力新老业务尤其是新业务快速发展。

“轮值 COO”将会是我们第一个采取“任期 + 竞聘”模式的岗位。任期结束后，公司将举行竞聘，允许竞争。这也是一种让这个岗位的人才，可以“不断走出舒适区”的制度设计。同时，我们也将在更多岗位，试点“任期 + 竞聘”，让每个人都可以不断“走出舒适区”。

以上三个制度是通过机制流程，实现对人才的培养。同时，我认为，对人才的激励，与对人才的培养同等重要。

二、对人才的激励

1. 薪资激励

薪资和绩效的激励，这是最基础的激励。目前职级体系已经搭建好了初步的框架，接下来需要看我们的职级体系与实际情况的适应程度，并不断优化调整。

2. 期权激励

我们的期权将会针对高职级的人才发放，并且会与职级紧密挂钩。另外，公司也会视情况不定期做已成熟的期权回购，给予大家回购的选择权，公司今年年初已经回购了一批，一部分最早期的核心人才也成功部分套现。目前公司还有非常充裕的期权池，我们将在每年 3—7 月完成新一轮的期权发放和成熟。

3. 增量奖金激励

从这个激励开始，就是风险和收益并存的激励了。轻课的项目制，核心逻辑就是项目负责人的权责利对等，阿米巴经营。只要能够持续创造增量收入利润，那么这部分的奖金也会非常丰厚。但前提，是你需要付出异于常人的努力，同时在特定领域从 0 到 1，搭建团队、做产品、创造商业闭环，还要承担项目亏损扣薪的风险。所以，这一切都很公平。

除了对前台的项目负责人“增量”做激励，我们也开始实行了中后台的“里程碑贡献”制度。中后台负责人能够为公司做出增量贡献，也会获得对应的认可。相比项目奖金制度，这个制度的效果还有待检验。

4. 项目虚拟分红权

虚拟分红权制度是一个还处于传说中的制度，大部分的公司都没有采用过。但在华为内部，这是一个非常厉害的制度。我们对这个制度的思考还未能深入细节，但总体而言，我非常认可这个制度设计的大框架——如果你看好公司内部一个项目，并且你也能作为项目相关方参与其中，那么你可以出钱来购买数年项目虚拟的分红权，由项目负责人来定份额。确认后，与项目负责人共同承担风险，享受项目收益。

这个制度是一个很大胆的尝试，我们也将在后期考虑，在一些新项目试点尝试。以上四个激励制度，收益越来越高，但风险也是随之增加，大家如果能够把本职工作做好，拿到对应的薪资激励，到一定级别拿到公司的期权激励，就非常不容易了。当然，我也非常欢迎有胆识的人，能够向后面两个激励发出挑战，为此公司愿意提供预算，哪怕失败了，没关系，公司也和你一起承担。

再回到奋斗者本身。对于下属而言，一个好的老板，我认为有两个标准：

1. 能不能让你“学到东西”。

2. 能不能让你“吃到肉”。

“以奋斗者为本”，就是创造出一个良好的环境，让每个人都有充足的动力不断走出舒适区，为组织做贡献，最后让每个贡献都获得与之匹配的长短期回报。这是轻课能够持续保持战斗力的源泉，为此我也将继续努力。

共勉！

2019 年 3 月

北京 · 紫光发展大厦

对企业管理的思考

如何做管理？

我阅读总结了很多，经过时间的沉淀，有四句话对我启发非常大。我总结成了下面这篇月报。

各位轻课小伙伴：

公司近期业务一步步壮大，我们的人数也即将突破200大关。近期，公司进行了一些组织架构调整，将着力建设“大中台+敏捷前台”的模式，同时在前台的业务孵化也将进一步放开。在这样的背景下，公司对“管理者”“干部”的需求越来越高。接下来，公司会推出一系列的措施，来加强“干部”的培训。今天这次月报，就来跟大家谈谈，我对管理的一些理解。

我们公司有三个非常大的石墨文档，分别是《团队手册》《轻课管理手记》《舰长星图》。

这三个文档，分别是针对全员、管理者/干部、项目负责人/候选人进行培训和重要制度留存的文档，针对不同阶段的小伙伴开放不同权限。目前《团队手册》的版本已经基本出炉，目前也是新员工、老员工的重要制度参考。接下来，我和新上任的轮值COO竹同学，将开始完善《轻课管理手记》的内容，为轻课干部的体系化培训，提供不断迭代优化的内容教材。

本篇月报的内容，来自《轻课管理手记》的引言。关于管理者的12345。内容如下。

轻课是一家年轻而有活力的公司，这意味着我们有更大胆的创意和想法，但也意味着我们的管理层可能在管理上相对薄弱。很多人能够在轻课花

一两年时间，走完在其他公司其他行业五年或十年才能走完的路，但是管理需要方法论，也需要实战经验。方法论是快速建立框架和认知的捷径，可以帮助你在实战中明白应该怎么做、什么是对的，掌握认知框架和方法论，在实战中才会更加得心应手，游刃有余。

这封信里，跟大家分享几句我听到的，同时对管理非常有系统性概括的几句话。

一、管理的本质是激发善意与潜能

这句话是我在“得到”的课程《刘润：五分钟商学院》里听到的（这门课很不错，强烈推荐大家购买），是由管理学大师彼得·德鲁克总结的。展开来说，就是作为管理者，应该思考，如何最大程度激发包括自己在内的相关方每一个人的善意与潜能。这句话如果你现在还不理解，没关系，把它背下来，不时回味与琢磨。

二、管理三要素：权力、责任、利益

一个团队可以扁平、可以去层级化，但任何团队都不能没有明确的上下级或汇报关系。明确的汇报关系是一个团队能够实现目标的基础。而汇报关系的建立，对应的权力、责任与利益这三个要素都必须匹配和明确。

权力与利益的来源是责任。往大了说，公司叫“有限”公司，这里的“有限”指的是“责任”有限，往具体了说，项目、部门、小组的 leader 都叫“负责”人，下属捅了娄子，就是负责人来“负责”。谁负责，谁才能做决定。权力是责任的实现工具，做管理者最怕的就是有责无权。利益是责任的驱动力，目标的达成需要与利益直接挂钩。

三、管理四步法：设目标、控进度、抓考评、理规范

管理四步法，是我看《有效管理5大兵法》的收获，也是12345最重要、最实用、最日常的方法论。整个《轻课管理手记》，也会详细阐述这四个步骤，在这里就不再赘述。

四、管理五个相关方：5M管理

5M管理，包括管理自己（Manage Yourself，MY）、管理下属（Manage your Members，MM）、管理上级（Manage your Boss，MB）、管理同事（Manage your Colleagues，MC），以及管理外部伙伴（Manage your Partners，MP）。

管理四步法更侧重于管理自己和管理下属，这是一个管理者必须做的（做好这两点就能达到80分），但是管理上级、管理同事、管理外部伙伴，是一个优秀的管理者需要不断追求的（做好这三点能够达到100分）。

以上几点，其实可以通过一个口诀来记忆：“12345，认知80~100分。”也就是**认知到管理的本质（1）包含善意与潜能（2）、权力责任利益3要素，通过设目标、控进度、抓考评、理规范4步法做到80分，最后做好5M管理达到100分。**

公司现在已经是一个初具规模的团队，管理和骨干的成长非常有必要。这本管理手记，是轻课团队在管理上的沉淀。不管你是管理者，还是有志于成为优秀管理者的骨干，都希望你可以在这里有所收获有所成长，同时为手记的完善提供自己的经验建议。

在12345之外，我自己还有一些小心得，在此也稍做总结，跟大家分享。

1. 以身作则，要求别人做到的，自己也能做到，或前期阶段性做到。

2. 身教大于言传。你所说的不一定是你相信的，但你为此采取的行动，

一定是你认可的。团队小伙伴不仅看你说了什么，更看你做了什么。

3. 预防大于治疗。对一件事情，出问题了解决问题是下策，作为领导者更重要的是思考如何预防坏情况的发生。不要等员工离职了，再思考如何挽留；不要等问题出现了，再思考如何避免。

另外，公司最近三个月，有不少变化。具体将在下周三的全员大会跟大家来好好讲一讲。

每天前进 10 公里，共勉！

2019 年 4 月
北京 · 紫光发展大厦

第一次企业重创：裂变红利的结束

写这篇月报时，我正在经历创业以来的一段至暗时刻。

2019 年 5 月 13 日，微信正式把我们，以及行业另外三个友商的一个重要增长模式封杀。

我们虽然有所准备，当天被封杀时，我们还兴高采烈的。

但过了几周，封杀的效果逐步体现，潘多拉英语、极光单词、达芬奇好课的课程数据，都在逐渐下滑。

所幸我们在被封杀前，就开始探索下一个第二曲线，才让公司到 2020 年年初时，依然保持了比较大的体量。

但是，还是好痛好痛。

这种事情就跟谈恋爱被甩一样，大家都觉得没事，会过去的。但不是当事人，真的很难体会当时的一些感受。

我也是怀着极度煎熬的心情，写下了这篇月报。

各位轻课同事：

上周微信官方的一则通知，让轻课以及其他几家公司成了“行业关注焦点”。各种评论分析文章此起彼伏，许多小伙伴应该都有讨论，或被问起此事。本次月报，我也直面问题，跟大家说说我自己的一些感受和想法。

一、靴子落地

在启用该模式之时，我曾预料过这种模式的两个结局。

第一个结局：用户的耐受，让打卡裂变不再具备传播属性。

第二个结局：官方明确政策，不允许使用打卡裂变模式。

在轻课过往所经历的各类增长模式中，有以第一个结局结束的，有以第二个结局结束的。本次事件是第二个结局，而且是一种相对缓和的方式，给予了我们足够的操作时间。当天，轻课也快速反应，成为行业内第一家根据官方要求调整政策并发布通告的公司，处理的方式也成为业界标杆，同行相继模仿。

当天完成所有的工作后，我突然有一种靴子落地的如释重负感，同时也庆幸轻课在过去的时间里，抓住了这一波红利，快速成长为一家有规模体量的教育公司。而未能及时抓住该机遇的公司，由于不再具备通过该路径成长的土壤，也将共同面临更恶劣的生存环境。

二、让肌肉生长最好的方式就是摧毁它

作为一家生长于微信生态的公司，轻课经历的第四次类似事件，也是整

个行业经历的第 N 次，因政策变化带来影响的事件，比如，微信出的各种关于模板消息、诱导关注的政策；政府出的，关于 K12 领域的教师资格证和预收费强制要求；抑或是为了打击幼儿园产业过度资本化直接宣布幼儿园不得上市等政策。

另外，我相信，接下来，还会有更多、更严格的措施出台，来让整个行业不断加速淘汰，逐步规范。这对我们来说意味着什么？我们应该如何面对？

生理上，我健身已有两年。一开始的时候，健身教练就告诉我，要想让肌肉再生长，不是给予肌肉舒适的条件和充足的营养就能实现。最重要的条件，是通过“超负荷”的阻力运动，先把肌肉“破坏”“摧毁”，再给予充分营养，让被破坏的肌肉成长得更能够适应“超负荷”阻力运动的程度，从而实现“肌肉再生长”。

心理上，真正的强大内心，无法通过顺境练就，而是多次挫折和失败的结果。因此，在面试的时候，特别是对核心团队或高级管理人员的面试，我会通过一些问题来询问他经历过哪些痛苦，因为越高级别的人，表面风光，但他们要承受的压力和痛苦就越多，如果没有一颗强大的内心，没有笃定的情绪控制能力，是无法胜任高级岗位的。

一个个体不论是在身体上的成长，还是内心的打造，都离不开摧毁与重构。同样，对于一家公司而言，不管是轻课，还是对其他任何体量、任何领域的公司，乃至营收规模是 BAT 三家之和的华为，都将面临来自政府、来自上下游供应商、来自用户习惯、来自平台方的各种变化，每一次变化，都是一次考验，而经历过考验的公司，一定会从市场中脱颖而出，变得更强大。

三、生命犹在，创新不止

从传统商业到互联网商业，一个特点就是“变化越来越快”。在你还没有反应过来的时候，对手可能就把你干死了，甚至整个行业就不在了。今日头条对百度就是一次奇袭。美团起家做团购，但现在团购行业已经没有了，美团依靠外卖依旧称霸。

有一次无意间，我搜索到三年多前，轻课还是思享空间时的一个行业微信群，群里有四五十家当时跟轻课一样做群讲座公众号的团队。这个群已经荒废了很久，没人交谈，但当时我们每天都时刻关注的对手，大部分都已经消亡，还没有来得及反应，就被用户淡忘，被市场淘汰。我不由得吸一口冷气，要是轻课过去几年没有抓住创新的机会，应该也会跟他们一样吧。

作为一个创业者，非常重要的一个能力，就是“sense of urgency”（对危机的感知能力），一直绷着的一根弦。因为在商业社会，唯一不会变的就是“环境一直在变”。轻课在过去的两年，未曾停止过的事情，就是创新。虽然在创新这件事情上，我们还有很多需要改善的空间，但是在大的制度和机制层面，我们都在不断放宽，不断营造良好的环境：

1. 职能部门制改组成项目制，把决策下放到前线，构建更敏捷的团队。

2. 大的项目组升级为事业部，事业部允许自主立项，不断裂变。

3. 内部竞争方面，我们在过去的几个月里放开，允许适当的内部竞争。

4. 星辰研究院的建设，为公司提供新业务、新策略探索的机制，以及人才。

我自己经常在思考，轻课有那么多业务，这么多团队和人，什么能力最重要？应该营造什么样的氛围？我和许多小伙伴一致认为是“创新能力”。最重要的氛围，是支持创新和鼓励创新的氛围。

现有体系下，我们还有一点做得非常不够好。我们表面上都在鼓励创新，支持创新。但一件必须承认的事情是，创新的成功率是非常低的。我们现在团队整体对失败都不够包容。如果没做到对失败的包容，鼓励创新的措施再多，都是空谈。接下来我也将思考，如何更好地改变这一点。

因此，对于团队，我的设想是轻课是一家在教育领域不断尝试创新的团队，数据驱动、以用户为中心、以奋斗者为本。只要轻课还在，对创新的投入就不会停止，对创新的尝试也不会停止！

四、写在最后

顺境居安思危，逆境乘风破浪。这句话我特别喜欢，每次在自己膨胀得快要得意忘形，抑或陷入低谷十分沮丧的时候，都会用这句话来警示或者勉励自己。一个人的现状，是通过自身之前的努力决定的。一家公司的现状，也是几个月前甚至几年前，这家公司的努力决定的。

站在现在看过去几年的政策变化，会觉得那只是在轻课发展中的一个小浪花。同样，我相信，只要我们保持“每天前进 30 公里”的心态，不被目前的成绩或挫折所影响，站在 5 年、10 年、20 年甚至更长的维度，这次的事件只会让我们变得更强大，我们也一定能长远地走下去。

不求更快，但求更远更长！最后，让我们和轻课一起，每天前进 30 公里。星辰大海，乘风破浪！

2019 年 5 月

北京 · 紫光发展大厦

对“用户至上”的理解

公司的价值观体系完善后，我们对每个价值观的词语，都做了一个详细的解读。

这篇月报，以用户至上为例，我来做了一个说明。

看看对大家有没有启发。

各位轻课同事：

本次月报，跟大家从另外一个视角，来谈一下我对我们价值观中“用户至上”的一些理解。

“用户至上”是我们价值观中的一条。在我们《团队手册》里，对用户至上是这样描述的：

用户至上——为用户创造价值是我们的第一追求

评分：

1 分：尊重用户，不与用户发生冲突，维护轻课的正面形象

2 分：遇事不推诿，对用户问题有主人翁精神，积极及时解决或传达信息

3 分：主动和用户接触，保持对用户的深刻理解

4 分：提供超越用户预期的服务和产品，给用户惊喜

5 分：把握用户需求本质，前瞻性地提供超出学员期望的产品和服务

在过去的几年里，我们凭借对用户的深入理解，在教育产品上不断创新。不管是我们的奖学金机制，还是在移动适配、交互式的产品细节等方面，都为学员提供了超出期望的产品和服务，让我们的业务不断增长。

这样的变化，也源自我们 2017 年年底的前中后台组织架构调整。这次调整最核心的点就是“放权”，华为有一句话，叫“让听得见炮声的人来指挥战斗”，我们许多的产品创新都来自前台项目组的独立决策，因为他们是距离用户最近的人。

但对于一家公司而言，我们鼓励每个人都接触用户。但对中后台而言，以及前台相关的“职能团队”，如何定义清晰“自己的用户”，其实非常重要。而定义清楚“自己的用户”，才是实践“用户至上”的前提。

过往时间里，我观察我们的同事，包括我自己在内，对“用户”的理解，

都相对局限。最近我对“用户”有一些新的思考理解，在这里与大家分享。

一、对于一家公司的 CEO 而言，所有员工都是用户

还记得以前看过的一篇文章，讲的是乔布斯的产品其实有两个，一个是苹果手机等跨时代的产品，另外一个就是苹果公司。苹果公司的文化、组织、团队，都是由乔布斯一手打造。乔布斯是苹果公司的“产品经理”，所有苹果公司的员工，都是乔布斯的用户。

不仅是苹果公司，所有公司的 CEO，都是这家公司的“产品经理”，所有员工也都是 CEO 的“用户”。如何为他们打造远大的愿景、良好的氛围、持续的成长、可观的回报，都是值得 CEO 思考的事情。

轻课是一家年轻的公司，坦诚而言，这也是我第一次作为一家公司的“产品经理”，现在来看，在过去的几年，因为个人能力和见识的天花板，在一些关键时期没能做出最优决策，导致公司发展并未按照现在来看所可能的最快速度进行。对“员工”是 CEO 的“用户”这一概念，也是近期才有的理解。

远大的愿景、良好的氛围、持续的成长、可观的回报都是对 CEO 的考核标准。接下来我将持续不断寻求自我突破，优化轻课产品，让每个认可轻课价值观的员工，都能够成为轻课公司的长期忠实用户。

二、对每个团队成员而言，自己的领导，自己的下属，自己上下游的同事，也都是用户

身在职场，每个人都不会是一个孤立的个体。我们的团队规模越来越大，在之前，很多矛盾都在于双方的心态上，但如果我们以“用户”的视角，来审视我们的工作环境，也许我们会有更多意想不到的启发。

作为技术团队，能够充分把产品经理作为用户，理解产品经理的需求，按时保质交付，甚至能够超出预期提前交付，这就是“用户至上”的体现。

作为设计团队，能够充分把运营或者产品作为用户，理解他们的需求，制作出精致、美观、准确的海报或 UI，这就是“用户至上”的体现。

作为行政团队，能够充分把所有在公司办公的员工作为用户，理解他们的需求，不断优化工作环境 / 行政流程，让大家可以有好的办公氛围，这就是“用户至上”的体现。

作为团队负责人，能够充分把团队成员作为用户，理解下属的需求，带领下属打仗，成长，打胜仗，让大家能够获得成就感，收获成长感和回报感，这也是“用户至上”的体现！

以此，在重新定义用户后，价值观中对“用户至上”的理解，可以这样升级：

1 分：尊重同事，不与上下游同事发生情绪化的冲突，维护积极正面的团队氛围

2 分：遇事不推诿，对上下游同事问题有主人翁精神，积极及时解决或传达信息

3 分：主动和上下游同事接触，保持对其需求的深刻理解

4 分：提供超越上下游同事预期的服务和产品，给他们惊喜

5 分：把握上下游同事需求本质，前瞻性地提供超出期望的产品和服务

在上述表述中，上下游同事，包括上级、平级和下级。希望这一篇月报，能够给每个轻课小伙伴都带来启发，对于每个自己工作中接触的对象，都可以按照这个 5 分的标准，来给自己的工作状态做一个评价。同时，下一个分值的描述，就是你可以努力提升的方向。

职场就是不断成长、不断磨炼、不断优化，把自己、把自己的团队打造成一款产品，把同事变成自己的用户，把握他们需求的本质，前瞻性提供超出其预期的产出，让他们愿意长期“有黏性”、愿意主动“打开”。

如果我们都以此为目标，轻课团队一定能够会变得更完美，更加有战斗力！

加油！共勉。

2019 年 6 月

北京 · 紫光发展大厦

轻课的战略及解读

2019 年提出公司的当年新战略后，这篇月报是对我们战略的解读。

各位轻课同事，本次跟大家聊聊我们公司的战略。

再次跟大家重复：

- 我们是一家数据驱动的教育公司：以用户为中心，以奋斗者为本。
- 我们致力于打造“英语 +Platform”产品和团队矩阵，成为最具价值的教育公司。

今天，就第二句话，跟大家展开聊聊，如何打造“英语 +Platform”的产品和团队矩阵。

第一问：轻课过往有哪些战略？为什么是“英语 +Platform”？这里的“英语”如何定义？

如果要对轻课过往的四年的各种战略做一个描述，总结起来就是：

第一阶段："产品化"战略，也是轻课最开始的雏形，365 元年费收听 500 多场思享空间大牛分享的内容沉淀，典型的泛行业知识付费。

第二阶段："All in 英语"战略，与英语名师合作，快速上线多个英语主题课程，"英语麦克风""侃词侃句"等课程爆发。

第三阶段："名师 + 自有品牌"战略，巩固名师产品优势的同时，自主开发创新的英语学习产品，包括"极光单词""潘多拉英语""轻课阅读"，培育壮大了教研团队和技术团队。

第四阶段："坚持打卡返学费"战略，狠下心在行业真正践行"坚持学习返学费"，把相当一部分的课程收入，通过奖学金的方式，返还给坚持学习或打卡的用户。推出后，轻课获得又一次爆发式增长。

经历过四个阶段的战略调整，同时在团队的共同努力之下，我们已经在"成人低单价英语"品类累积了相当数量的学员。下一个阶段"英语 +Platform"战略中的"英语"，也基于此。

相比学员，我认为更重要的是，我们通过以上数个阶段不断地折腾和积累，所打造出来的"舰队文化"——这是一个靠不断打仗冲出来的海军团队，我们形成了前中后台的组织体系，我们对市场的判断、团队的能力、管理的经验、人才的层次，相比过往阶段都有了明显的提升。在这里，我们要感谢我们在英语领域所有打过的仗，锻炼了我们的团队，相比起流量，这是一个更加重要的资产！

第二问：轻课当前阶段的"英语 +Platform"战略，应该如何解读？

关于英语的部分，我们将继续巩固"成人低单价英语"壁垒，不断在成熟事业部推出更多的英语 SKU，但该品类的市场天花板有限。因此，我们将在单价上做两个方向的延伸。一个方向是向上做中高单价的英语学习产品，包括我们最近刚推出的趣课多相关课程，以及潘多拉正在不断尝试的中高单价课程。另外一个方向是往免费走，包括千词闪，以及我们考虑孵化，借鉴“趣头条”模式的英语学习产品。

一句话解读“英语 +Platform”战略中的“英语”，就是在英语领域“纵向打透”。

对“Platform”的部分，我们也已经从去年年底开始了新的尝试——基于英语，走出英语。实话说，跨科的难度非常大，但我们依然在不断尝试，摸索方法论。在过去一段时间，我也听闻“基因论”，认为轻课的基因就是英语，在这里个人不甚认同。基因论是一种非常静态的观点，非常陈腐，更多程度上是一种“事后诸葛亮”。美团一开始也是没有孵化美团外卖的“外卖基因”，今日头条一开始也没有孵化抖音的“短视频基因”，阿里一开始也没有孵化阿里云的技术基因。结合第一问，轻课的战略演化，自己回看，一开始我们也不具备孵化爆款英语产品的“英语基因”。

虽然有一些失败，但我们现在也孵化出了颇有潜力的新品类，北极星事业部的“冥想课程”，已初具规模。同时，还有更多的品类如益伴中文读书、坚果写字等，也在不断尝试摸索、循环冲刺。

轻课的基因是我们的“企业舰队文化”，是“数据驱动”的共识，是“拥抱变化、不断尝试”的态度，是“极致执行、精进创新”的追求，是“顺境乘风破浪、逆境居安思危”的心态。不给自己设限，我们唯一的限制是我们的想象力。

一句话解读“英语 +Platform”战略中的“Platform”，就是在英语之外的领域“横向打穿”。

第三问：战略目标的细化拆解？

年初，我们定了两个战略目标，一个是现金收入破 5.5 亿元，一个是每天学习人数破 100 万。上半年我们虽然经历了外部政策的“黑天鹅”，但在全体小伙伴的共同努力下，我们实现了近 2.2 亿元的现金收入，每天活跃的学习人数也接近 80 万，同比去年有显著的增长。

接下来，我还将制定第三个战略目标。对我们“英语 +Platform”的战略更好地诠释，其中包括我们在英语中的高单价产品收入，以及英语之外 SKU 的半年收入目标占比。相关的目标将在后续的月会中展示并跟踪。

不知不觉，2019 年已经过半。在这半年，我们的外部环境发生了剧烈的变化，对我们也提出了更高的生存要求。战略方向确定后，接下来，公司将继续加强在组织能力的建设，尤其是对人力资源体系做进一步的建设，人是一切的核心。

每天前进 30 公里。一起加油！

2019 年 7 月

北京 · 紫光发展大厦

如何观察、分析、判断一个人及一家公司

怎么去判断一个人行不行？

怎么去判断一家公司牛不牛？

每个问题都分了五个层次，这篇月报带你看穿。

各位轻课伙伴：

本次月报，跟大家分享一下我最近的一些总结和思考：关于如何观察、

分析、判断一个人和公司。

在这里先说一点，这次的评判标准相对简单、粗暴、功利，基本上是从“利益”出发和评判，这是本次分享的大前提。评判人或公司，当然还有很多其他的维度，譬如幸福感等，这次只讨论商业层面。

接下来直奔主题，先说说对一个在商业环境中的个体、个人，可以从这几个层面来观察。

第一层——收入：收入的量级以及收入的方式

上来就谈收入，感觉很俗。虽然收入不是反映一个人价值的唯一标准，但如果要按照重要程度排序的话，收入应该是最主要的标准。

收入可以拆成两个维度，一个是数量，一个是实现收入的方式。收入的数量非常好理解，也非常重要。收入的方式，包括主动收入和被动收入。主动收入是出售自己的时间获得的，被动收入是不需要花时间精力即可获得的收入。显而易见，被动收入是很多人想追求的，但被动收入的获取难度比主动收入要大很多，这块的竞争也更加激烈。

第二层——杠杆：对自己、对团队、对钱、对时间

实现收入有很多方式，但要实现高收入，一定要明白一个词——“杠杆”。

一个人的时间和精力，一定是有限的，如果只是自己创造价值很难。靠自己的杠杆的工作，譬如快递、保洁等，只能靠多工作两小时，来获得比别人多 20% 的收入。

要想实现更高的收入，就一定要更好地运用“杠杆”。

- 当一个 leader，带一个团队，就是能够做好对“团队”时间的

杠杆。

- 当一个投资人，投资 1 万也可以，投资 100 万也可以，投资 1 个亿也可以一个人 hold 住，这就是对“钱”的杠杆。
- 当一个内容创作者，创作视频、写书等，可以把作品无限复制从而占有别人的时间，这就是对“时间”的杠杆。

第三层——稀缺：不可替代性和被需要

写到这里，很多人都会想，我也想要高“收入”，想要做“杠杆”，是不是懂得了这个道理，只要我去做高杠杆的事情，就可以实现高收入？

然而并不是。

要当一个好的领导者不容易，需要精通业务，还需要能带团队，有愿意跟着的人，处理各种矛盾，不断解决问题。领导者一定是团队里能力最强、压力最大、委屈最多的那位。

要当一个投资人并不容易，假设本金都相同的情况下（拼爹另算），投资 5 万叫理财，投资 100 万才能叫投资（也需要更高），但前提是，你可能需要很久，才能攒下人生的第一个 100 万；另外，风险越高的投资，赢家越少（风险投资行业只有 10% 的基金才挣钱），你看好的项目大家都看好，竞争越是激烈。

要当好一个内容创作者，更不容易。作家、导演等内容创作领域，头部的几个人虽然挣了大钱，但他们是这个行业的 1%，99% 的内容创作者都不为人知，收入甚至还不如一个普通白领。同时，头部的创作者，其创作过程也非常不容易。村上春树可以每天坚持长跑，大家都说想健身，真正能坚持的有几个？

能够实现“高杠杆”的人，一定是稀缺的。这种稀缺，体现在能力上的不可替代，体现在独特而被社会需要。

第四层——进化：持续学习、不断迭代的意愿和行动

前面说到稀缺，那么，是什么制造了稀缺？

我们有小学同学、初中同学、高中同学、大学同学，工作后还有同事。有一个现象，当你离开上一个圈子多年后再次相聚，就会发现经过几年或者十几年，当时往往是同一起跑线的小伙伴，现在在物质上、思想上，会逐渐拉开差距，甚至导致很多人不愿意参加同学会，太俗。这是为什么？

第三层如果是一个人能力的“现状”，那么第四层“进化”就是造成“现状”的原因。这种进化包括“不满足现状的野心”，包括“持续学习的意愿”，包括“不断迭代、总结反思的行动”。而这种进化的行为是痛苦的，是“反人性”的，是很容易放弃的。

轻课团队和我们做出的产品，就是在“团队自身不断进化”的同时，做出足够优秀的产品，帮助我们的学员意识到自己的不足，从而“不断学习成长迭代”。

我在面试的时候，经常会问到一个问题，就是了解候选人在一段较长职业经历中的升职或涨薪情况。如果一个人从执行岗做到了管理岗，还会补充问，为什么公司把你提拔为管理岗。通过这样的方式，来了解候选人是否有“持续学习、不断迭代”的潜质。

第五层——观念：人生观、世界观、价值观

观念，也就是我们俗称的价值观。有一句非常鸡汤的话：观念决定心态，心态决定行为，行为决定习惯，习惯决定人生。面对同样的一件事，每个人的视角不同，判断也不同，得到的收获和采取的行动也不同，这一切都是价值观在背后决定。

众生畏果，菩萨畏因。我们都羡慕别人有高收入，但大部分人可能只会

去关注第一层收入，或第二层杠杆，而忽略更深层次的三个原因。

从观念到持续进化，从进化到变成稀缺的人，从稀缺到杠杆撬动，最后体现为价值和价格。这就是看人的五个层面。接下来，我们来谈谈看一家公司的五个层面，在这里以教育公司举例。

第一层——收入：学员单价乘以学员人次

世界 500 强，就是主要根据公司的营收进行排名的。一家公司的营收情况，也基本体现了其影响力和市场价值。这是最容易观察到的一个数据。在教育领域，一家公司的营收就是学员单价乘以学员人次。

我们既要看一家公司的收入，也不要“光看收入”。为什么不要“光看收入”，下面详细解释。

第二层——效率：运营效率、利润率、人效

如果一家公司的运营效率低，那么短期可以靠烧钱活着，或者由于教育领域天生自带预付费属性，也可以活一段时间。长期来讲，运营效率低的公司必死，而且当下的收入量级越大，死得越快。

教育互联网化的一个悖论在于，互联网是讲究规模的，但教育这件事情要“堆人”，而人多天生就很难标准化，这是互联网教育行业现在依旧高度分散的原因。

第三层——壁垒：品牌、研发、渠道

任何商业体，都需要不断通过时间来建立自己的壁垒，不然这个商业体不会长久。在壁垒和效率做好之前就提升规模，是一件很危险的事情，甚至

会加速自己的灭亡。一家教育公司的壁垒，体现在这几个层面。

1. 品牌：教育是一个很长久的生意，品牌的塑造需要时间沉淀，一般都需要 3~10 年，而一旦品牌建立好，这会是最好的流量池和转化手段。而最好的品牌塑造方式，就是靠用户的口碑。

2. 研发：对一家在线教育公司来说，研发包括技术投入和内容投入。这是学员买的产品的具体承载，也是用户愿意推广的主要诱因。

3. 渠道：个人认为，对教育公司来说，研发是 1，渠道是 0。研发是核心，渠道是放大。

第四层——组织：团队协作，个人能力

公司的持续成功等于战略乘以组织能力。一家公司光有厉害的人还不行，还需要厉害的人能够同心协力，高效运作。一家公司组织能力强大的标准包括以下几点。

1. 能不能很好地执行战略。
2. 能不能轻松实现业务的“规模化”。
3. 能不能不断涌现“厉害的人”。
4. 领导者是不是“可脱身”或“可替换”。

美团的王慧文说，中国的互联网公司组织能力都不太行，唯一还不错的就是阿里。在刚刚过去的一段时间，阿里季度收入在达到千亿规模前提下，实现了同比 50% 的增长。同时，阿里的灵魂人物马云，也在逐步交棒退休，丝毫没有影响到阿里的业务。这一切都是强大的组织能力支撑的结果。

第五层——价值观：一切的归因

跟个人的第五个层次一样，对于一家公司来说，价值观是一切的归因。

一家强价值观的公司，不仅仅体现在价值观描述上，更体现在价值观的落地。

以上就是我们观察一家公司，尤其是教育公司的五个层次。这五个层次，从第五层到第一层是因果递进关系。我们看一家公司，也不要光看第一层和第五层，看得越深，理解就越透彻，学习借鉴就越有效。

在刚刚过去的8月月会上，我们与来自前中后台、各个事业部的小伙伴，一起进行了轻课价值观的年度大讨论，更新优化了一版公司的价值观。同时，我们也将从本月月报开始，加强轻课价值观的落地，让我们的价值观可以更好地体现在日常协作和工作中，真正实现价值观驱动。

与各位共勉。加油！

2019 年 8 月

北京 · 紫光发展大厦

从外部学习中得到的两点启发

2019 年，我加入了教育行业带头大哥好未来主办的、面向教育行业有影响力创始人 CEO 的集训营“未来之星”，与教育行业的 40 多个优秀企业家一起学习。

这个集训营给我的收获和启发非常大，不仅学到了很多好未来的经验和方法论，还通过向同伴学习，发现了很多优秀公司身上的一些闪光点。

这次月报分享了两个小点。

各位轻课事业伙伴：

今天的月报，跟大家分享两点，近期在外部学习的过程中，对我自己比较有启发的一些学习体会。

第一点：关于归因的相关分析

在日常工作中，当结果出现，人们都会下意识总结、归因。这个时候，我们对归因可以从两个维度来做分类。

稳定性：稳定、不稳

内外部：内部、外部

举个例子，假想你是一个父亲/母亲，你有一个大学生儿子，跟班里的班花谈恋爱，结果没想到不到一个月，儿子就被班花甩了。你的儿子跟你打电话，在电话里号啕大哭，这个时候你要安慰他，你会怎么来安慰才能让你儿子心里好受一些呢？

我还记得当时现场是 Workshop 的形式，老师问了一个男创业者。这个创业者猝不及防，思考了好一会儿，说，就安慰孩子，让他想想是不是这段感情里，自己哪里做得不到位，之后谈下一个的时候，要好好对人家。

导师说，一看就没有经验，你要这么回答，儿子肯定心里还是很难受。这个时候导师找了另外一个当过妈妈的创业者来回答。这个创业者果然经验老到，回答后导师说说得很棒，因为里面有个词特别好，叫“没缘分”。“缘分”这个词特别微妙，可以是所有感情结束时最好的安慰剂。

接下来导师说出了归因的四个分类，基于稳定性和内外部，分别可以分为：

内部稳定：能力

外部稳定：环境

内部不稳定：态度

外部不稳定：运气

对于不好的事情，如果要安慰别人，最好的方式，就是从“外部不稳定”的角度来切入。在儿子被甩这个案例里，“缘分”就是外部不稳定的因素，跟“运气”非常类似。而第一个男创业者的回答，是“内部不稳定”的归因，虽说比“缘分”要差一些，但也还好。

最伤人的安慰方式，在不好的结果发生之后，就是“内部稳定”的归因。在这个案例里，如果被失恋者听到“你长得那么一般，学习也差，还胖，配不上别人”这样的归因方式时，估计当事人可能会更伤心。

而对于好的事情，最激励人的归因方式恰恰相反。如果一个人做出来业绩和成果，作为直属领导，把下属的能力和结果结合起来，是最为激励人的归因方式，比如说某某同学凭借自身的勤劳，刻苦地学习，以及良好的方法论，成功地取得了这次目标的达成，我们为他鼓励！

而如果领导避而不谈“内部稳定”的归因，改用“外部不稳定”的方式，如某某同学做出这个，就是运气比较好而已，相信当事人一定会很沮丧。

导师还举了个例子，一个调查结果显示，相对更成功的人，在失败后的归因这件事情上，非常一致地倾向于对自己使用“内部稳定”的归因，也就是对自身进行反思，而对成功后的归因，会更倾向于“外部不稳定”的运气。中国有一个成语叫“怨天尤人”，任何团队都不欢迎失败后“怨天尤人”式的成员，说的也是这个道理。

大家也可以反思反思自己，在团队拿到结果后，你会从什么角度来进行自我归因，以及对他人归因？

第二点：对好未来“学科”和“学科设计”的反思

在一次外部学习中，我收获了好未来一个非常厉害的高管的分享。他是好未来教学与教研负责人。这个人不仅对学生讲课是一把好手，做起内部培训更是令人折服。综合下来有不少收获，在这里与各位分享一下。

在好未来，教研体系分为“学科”“教研”“教学”三个大类，“教研”

和“教学”和我们通常的理解非常一致，这次接触到“学科”这个定义，令我眼前一亮。

“学科”其实是教研、教学、运营的总体设计者，从用户角度出发，他不仅要考虑“教研”和“教学”，更要考虑一款产品，用户需求是什么，从哪些角度来设计产品能够让用户买单，怎么样把产品卖点变成销售话术提高付费率，怎么样在教学和运营等与用户接触的环节中，强化我们“解决用户需求的方法论”，实现“学科长期增长”。因此,“学科”像是一门课程的“产品经理”，在更高的层面，对用户负责，对长期增长负责。

之前经常听好未来“学科”很强，也是在这一次培训后，对好未来的“学科”有了更进一步的理解。

这次培训中，这位负责人也讲了好未来学科设计的核心方法论，用三句话就能概括：

- 用户的需求是什么？我们是如何理解这个需求的？
- 我们解决用户需求的方法论是什么？
- 在和用户的接触环节中，哪些设计体现了我们的方法论？

培训现场，这位学科负责人讲了几年前，他们是如何设计现在在线教育领域最火爆的“双师大班课”，是怎么根据这个核心方法论设计出来的。

- 用户的需求是什么：录播课有两个核心痛点：一是上课是否学会不知道，课后没人管；二是孩子学习一段时间之后没有成就感。
- 解决需求的方法论：极致的辅导老师服务，极致批改速度（以秒来计算），极致表扬。
- 在和用户的接触环节中，哪些设计体现了我们的方法论：把表面不可能量化的东西都量化，所有的点评服务内容都要分类，不同内容的颜色标注，每节课都要求不同颜色必须达到多少比率才算合格。

讲完这个之后，我个人对好未来的“双师大班课”产品背后的设计逻辑有了更深的认知，同时也无比佩服好未来的精细化运营程度，以及通过“数据”对过程的控制力。

现场负责人对几家公司的产品，也按照这个方法论进行了相关的梳理，效果还不错。我也建议不同的事业部、项目组，以及我们的中后台（TO B 服务也是一种产品），都可以按照这个逻辑，来梳理一遍，把我们的产品打磨得更加贴近用户需求。

以上两点，一个归因分析，一个“学科”与“学科设计”，就是本次月报主要内容。希望对各位有所启发。

2019 年 9 月

北京 · 紫光发展大厦

信息的两种展示方式：“信息流”和“结构化”

距离上次封杀，已经过去 5 个月。在这 5 个月的时间里，我们上线了不少新的项目，将围绕公司战略继续拓展。

虽然我的压力很大，但依旧保持学习、探索、总结、反思。

各位轻课同事：

今天跟大家分享最近我对“信息流”和“结构化”的一些心得思考，希望对大家的生活和工作有所帮助。

我们每天所接触的很多信息，有些会让我们“觉得爽”，譬如有趣的短视频；有些会让我们“很痛苦”，譬如我们买到晦涩的书；有些会让我们“想一直刷”，譬如我们的微信群和朋友圈；有些则会让我们“有成就感”，譬如整理好自己的工作文档。

作为一个移动互联网的重度用户，我每天都接触和经历大量的信息，同时也作为一名教育行业从业者，每天也在帮用户设计产品、制作课程，以及管理团队。在这里，我跟大家分享一下最近总结的一种对信息的分类方式——“信息流”和“结构化”。

关于“信息流”式的信息

“信息流”这个关键词，想必每个互联网从业者都再熟悉不过了。我们每天的微信，就是一个巨大的“信息流”，根据时间倒序排列，群聊可以不断往上刷，朋友圈打开可以一直往下刷。目前如日中天的抖音，以及字节跳动的另外一款产品今日头条，都是信息流产品。

在没有移动互联网之前，有没有“信息流”产品呢？

有！我们看的电视新闻，就是一种“信息流”产品。从小我就经常看新闻，并且特别爱看。看这种东西有一种很重要的感觉，就是大脑不需要怎么转，只需要听声音、看画面就可以了，一直处于“信息的输入”状态。

“信息流”占我们每天的信息比例是很高的，而且“信息流”有个很重要的特点就是“散”，其次是“新”。这种信息要不就是跟我们生活有密切关联的，都直接影响着我们生活，比如，朋友发生的新鲜事、跟别人的沟通等；要不就是跟我们本身无关，但或“有趣”如抖音短视频，或“重要”如新闻。但“信息流”有一个非常大的问题，就是如果不能得到有效的“组织”，变成“结构化”的信息，不能分清楚优先级、分类排序、舍弃或记录，那么所有的信息都会如其名，通通“流失”，无法沉淀。

有一句非常扎心的话：听过很多道理，依然过不好这一生。大概说的就是这个。

如果没有对信息的结构化，听再多的道理，都只是当下觉得很有道理，但过了一阵子就忘记。所以，把信息“结构化”的“意识”和“能力”，在我们的工作生活中，显得尤为重要。

关于“结构化”信息

因为工作的原因，我自己经常参与到一些课程的制作中。对课程而言，课程大纲其实是非常重要的一个文档，而制定课程大纲的过程，就是在制作“结构化”信息的过程。而我们从小到大接触最典型的一类“结构化”信息，就是我们在上学时的“教材”。

“结构化”的信息是相对枯燥的，但是学习“结构化”的信息，特别是站在“作者”模式把信息“结构化”，这两个过程对人的提升非常非常大。

这是网上流传非常广的一个概念，关于“学习金字塔”，具体如下。

- 用耳朵听讲授，知识保留 5%
- 用眼去阅读，知识保留 10%
- 视听结合，知识保留 20%
- 用演示的方法，知识保留 30%
- 分组讨论法，知识保留 50%
- 练习操作实践，知识保留 75%
- 教授给别人，知识保留 90%

最后的“教授给别人”，其实就是把信息“结构化”的过程。我自己有个很深刻的感触，当我在一个领域有相关想法的时候，最好的总结方式就是把这些想法整理成一门课程，然后教授给别人。

在星辰研究院里，我做了三门必修课，把自己对商业的理解做成了三节非常概要的课程。制作这些课程的过程是痛苦的，每门课都要花三到五小时来厘清思路，列出要点，配上案例。但是当我完成这个步骤，把日常散乱的“信息流”，变成“结构化”的信息，我自己感觉对这一块的掌握有非常大的飞跃，在自己独立对项目或产品做判断，或者跟别人聊天做商业分析时，也能形成非常“结构化”的思考，不再“想一出是一出”。

相比“结构化”的信息，更重要的是“结构化”的意识

我认为在工作职场中，“结构化”的意识非常重要。有一个词叫“方法论”，询问一个人怎么做一件事情，问别人的“方法论”，其实就是在问，你对做这件事情有什么“结构化”的思维模式。

两年前，轻课还是 100 个人左右，我们内部的管理还处在非常早期的阶段，碰到问题，我们就开个会推出一个制度。最后，我们推出了很多制度，但每个制度都是刚推出一两周大家有印象，过了两三个月，大部分人都忘记了。后来，我们还是经常在各种会议上爆发争吵，争吵完后发现貌似这个问题我们之前讨论过，还专门出了一个制度，但带来的问题是内部矛盾重重、沟通效率低下。

现在回看，轻课当时其实缺乏的就是对管理制度的“结构化”，是以一种类似“信息流”的方式在管理相关的规章制度，用“想一出是一出”来形容再贴切不过。后来，我们推出了电子版的《团队手册》，把重要的规章制度都放在《团队手册》里，并且对制度做分类管理、重要性排序。《团队手册》相比之前的邮件，就更有“结构化”意识，是一种更为“结构化”的管

理模式。

闲聊，大部分时间是谈论“信息流”。而面试，就是在判断对方是否形成了“结构化”的理论体系。同样，高质量的工作就是在不断沟通“结构化”的内容，包括商业谈判、绩效面谈、竞聘述职等。多培养“结构化”的意识，锻炼“结构”的思考能力，是个人价值的重要体现。

以管理四件套为例，怎么样“结构化”

在之前的月报里，跟大家分享过三个“元思考”的关键词，包括分类、排序、提问。其实结构化不外乎也跟这几个关键词相关。我们先把信息分类，再做重要程度的排序，再通过提问来反复打磨和优化。最近，我与舰长会的小伙伴，对公司的管理一起做了一次“结构化”调整，包括整理了轻课的“管理四件套”。这将在轻课团队开始推行。接下来，我将以此举例，来讲讲我们是怎么样思考，把管理“结构化”。

管理的很重要的一项，是上下级之间的协作，对这种协作，我们从四个层面进行了抽象，形成了四个类型的文档，分别是备忘待办、OKR、工作地图和下属管理。

管理的本质是激发每个人的善意与潜能。而我的理解是，这种激发，除了氛围之外，最重要的其实是通过“契约”的方式来进行的。上级跟你约定做什么，做成什么样会得到什么，做不到的话会损失什么，这其实都是“契约”。上级布置一件事情，下属应该在什么时候拿到什么结果，这也是一种“契约”，大的契约，其实通过“劳动合同”就能够有体现，但日常工作的“契约”，其实更加重要，更需要被管理。

因此，在管理四件套里，最为重要的一个文档，其实就是“备忘待办”。这个文档包括两部分，重要的也放在前面，叫“备忘”，是一个上级与下级的约定。如果没有形成文字，白纸黑字记下来，就会随着时间的流逝，变得

张三的备忘待办

注：越重要的写在越前面，这样每天都能够看到，避免遗忘

里程碑待办（如有）：

- [ ] 10月10日前完成大事1
- [ ] 10月23日前完成大事2
- [ ] 12月31日前完成大事3

晋升计划的关键目标（如有）：

- [ ] 晋升计划关键目标1
- [ ] 晋升计划关键目标2
- [ ] 晋升计划关键目标3

备忘（必须）：

与上级Alex沟通——19年10月8日

张三版本（修改后）：

- 要干嘛要干嘛要干嘛
- 什么事什么事什么事
- 目标目标目标
- 激励激励激励
- 惩罚惩罚惩罚
- 需要注意需要注意需要注意

Alex版本（非必须）：

- 要干嘛要干嘛要干嘛
- 什么事什么事什么事
- 目标目标目标
- 激励激励激励
- 惩罚惩罚惩罚
- 需要注意需要注意需要注意

> 注：有些一对一的备忘，为什么要有两个版本，上级和下属都要有？因为备忘是上级跟下属沟通后，下属先写一版，然后上级再把自己写的要点复制到这里，然后下属再根据上级的要点，修改一个版本。放两个版本是为了避免沟通出现问题，如果两个版本有不一致，以上级的版本为准

与上级Alex沟通——19年10月7日，新人一对一谈话

张三版本（修改后）：

- JD是啥是啥是啥
- 要干嘛要干嘛要干嘛
- 什么事什么事什么事
- 目标目标目标
- 激励激励激励
- 惩罚惩罚惩罚
- 需要注意需要注意需要注意

每日/每周待办（非必须，推荐按时间倒序，最新放在最前面）：

19年9月15日：

昨日完成：

- 事情1
- 事情2
- 事情3

今日待办：

- 事情4
- 事情5
- 事情6

需要上级的帮助：

- 事情5需要上级协调一下李四来给支持

心得思考：

- 事情6可以这么办
  - 这么办1
  - 这么办2
  - 这么办3
  - 有个风险点1

19年9月14日：

昨日完成：

- 事情1
- 事情2
- 事情3

今日待办：

- 事情4
- 事情5
- 事情6

需要上级的帮助：

- 事情5需要上级协调一下李四来给支持

19年9月13日：

昨日完成：

- 事情1
- 事情2
- 事情3

今日待办：

- 事情4
- 事情5
- 事情6

需要上级的帮助：

- 事情5需要上级协调一下李四来给支持

19年9月12日：

昨日完成：

- 事情1
- 事情2
- 事情3

今日待办：

- 事情4
- 事情5
- 事情6

需要上级的帮助：

- 事情5需要上级协调一下李四来给支持

备忘待办范例展示

张三的2019年10月OKR（以运营为例）			月末举证及自评说明	上级评分		
编号	目标及关键结果	权重百分比	说明：请对KR的完成情况做说明，并在后面自评部分评分 如未预设评分规则，则采用默认评分规则： 0-6分：要求改进 7分：符合期望 8分：部分超出期望 9分：超出期望 10分：杰出	自评或实际值	领导评分	最终得分
01	这里是第一个目标，如XX产品销售健康增长	40%		6.00	6.00	2.40
	XX产品销售额达到100万，如未能达到，则按照达到80万6分，60万4分，60万以下0分	30%	完成85万，详见统计表格链接： http://shimo.im/jugelizi	6.00	6.00	
	退费率控制在1%以下，如未能达到，则按照1.5%以下6分，超过1.5%	10%	退费率1.3%，详见退费统计表格链接：	6.00	6.00	
02	这里是第二个目标：如建立一套用户意见反馈流程	20%		9.50	9.50	1.90
	9月15日前完成流程文档，18日前完成意见征集并优化流程，最后定	5%	按时已完成，反馈流程的链接：	8.00	8.00	
	25日前在所有用户推广，并获得50条以上的用户意见建议	15%	已完成，搜集了68个用户建议，附用户评价链接： http://shimo.im/jugelizi	10.00	10.00	
03	这是第三个目标：主动提议活动并参与	20%		7.50	7.50	1.50
	提议3个销售活动并完成活动执行	15%	提议了4个销售活动，附活动落地的相关链接： http://shimo.im/jugelizi	10.00	10.00	
	其中1个活动带来了10万以上的收益，投入产出比达到2以上	15%	未完成	0.00	0.00	
04	营造良好的团队学习氛围，带领下属共同成长进步	10%		9.00	8.00	0.83
	组织一次运营学习会，会后让下属评分，评分在9分以上。评分低于7分，此项0分；低于8分，此项6分；低于8.5分，此项8分；低于9分，此项9分	5%	已完成，下属评分8.6分，附讲座内容链接： http://shimo.im/jugelizi 下属评分链接： http://shimo.im/jugelizi	9.00	9.00	
	让每个下属完成1次竞品调研，并输出成竞品调研报告	5%	已完成，附竞品调研报告链接：	9.00	7.00	
05	自身学习成长，同时完成上级交办的其他任务	10%		7.00	7.50	0.74
	自身学习成长，看2本书，并写读书笔记	5%	已完成，附读书笔记链接：http://shimo.im/jugelizi	7.00	7.00	
	完成上级交办的其他任务	5%	已完成上级的其他任务123	7.00	8.00	
				最终绩效得分：		7.37
				本月绩效比例：		73.65%
	绩效沟通要点（下属填写）：		**绩效沟通要点（上级填写）：**			
	过去一个月，在哪些地方做到了“精进创新”价值观中的“自我驱动，每天进步1%”？（最多写3点）		1. 这个月的绩效完成的不错，但日常XX做得不够好			
	1. 做了02里面的调研后，对用户有了更深刻的理解，发现用户是XXXX的		2. 下属的竞品调研报告写的不够好，应该注意XXX			
	2. 做了03里面的XX活动后，在XX方面是第一次接触，感觉不错		3. 平时工作XX不够好，应该XXX			
	3. 自己看了XX书，感觉XX不错		4. 11月份OKR在XX地方有XX调整			
	接下来的工作还需要上级的那些支持？（有则写，没有可不写）					
	1. 在退费率这块目前还没想到太好的办法进行控制					
	2. 做活动效果不佳，不知道如何破局					

OKR 范例展示

模糊，到时候双方都会忘记或记错。此外，“待办”是日常工作中非常重要的内容，算是密度非常高的“契约”。所以，在管理四件套里，上级和下属的“备忘待办”是四件套里，唯一必需的文档。

除了“备忘待办”，我们还有“OKR”“工作地图”“下属的管理文件夹”这三个结构化的文档。由于篇幅原因，我在这里就不再详细展开。

最后，当我们的生活很大程度都被“信息流”充斥的时候，培养自己“结构化”的能力尤为重要。反思过去的几年，我个人有很大的改变，就是对“结构化”思考的能力有了更深的认识。同时，我也在日常工作中，不断培养自己的“结构化”思考能力。在看人这一块，除了看这个人的胆识、经

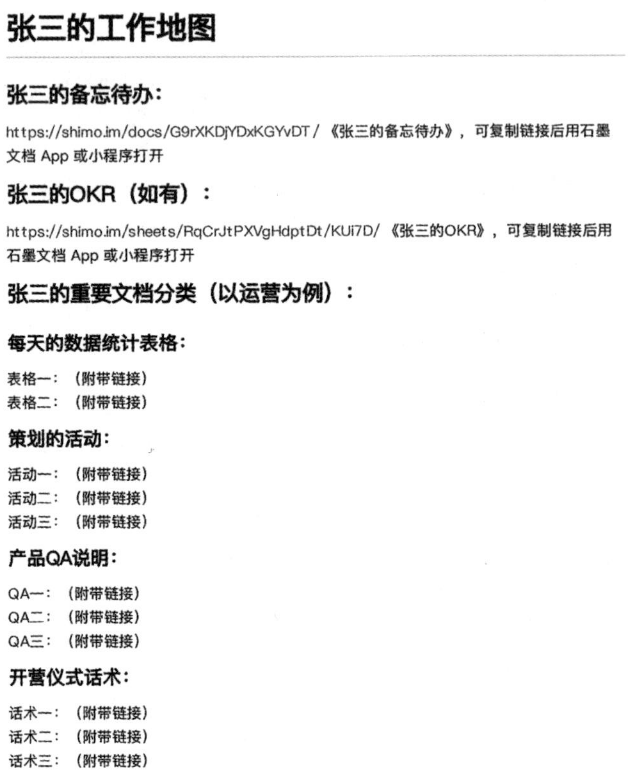

张三的工作地图

张三的备忘待办：

https://shimo.im/docs/G9rXKDjYDxKGYvDT/《张三的备忘待办》，可复制链接后用石墨文档 App 或小程序打开

张三的OKR（如有）：

https://shimo.im/sheets/RqCrJtPXVgHdptDt/KUi7D/《张三的OKR》，可复制链接后用石墨文档 App 或小程序打开

张三的重要文档分类（以运营为例）：

每天的数据统计表格：

表格一：（附带链接）
表格二：（附带链接）

策划的活动：

活动一：（附带链接）
活动二：（附带链接）
活动三：（附带链接）

产品QA说明：

QA一：（附带链接）
QA二：（附带链接）
QA三：（附带链接）

开营仪式话术：

话术一：（附带链接）
话术二：（附带链接）
话术三：（附带链接）

工作地图范例展示

历之外，我也会通过各种问题，判断这个人的“结构化”思考和总结的能力。今天把这些思考分享给大家，与各位共勉。

每天进步 1%，继续加油！

2019 年 10 月

北京 · 紫光发展大厦

解决问题的思考逻辑：六顶思考帽

针对一个问题，你提出一个解决方案时，会主动把这个方案的弊端提出来吗？

很少人会。

因为大部分人，为了让建议通过，都会不断讲这个解决方案的优点，而不去主动说自己的缺点。

就跟面试的时候，没有面试者会主动说，自己的缺点是什么。但是面试官很喜欢问这个问题。

当然，我们也要分清场合，这篇月报分享的更多的是一个在开会、解决问题的场景下，应该怎么来科学地提出自己的方案。

各位轻课小伙伴：

本次针对我们的价值观中的一个关键词，来跟大家分享一些方法论。这是在“可靠执行”九大原则中，对“解决问题”的一个思考逻辑。

我们在工作中经常会遇到各种各样的问题，解决问题是非常核心的一个能力。在平时开会的时候，看大家愿不愿意主动解决问题，有没有解决问题的思路，会不会把解决问题的方案落实，是评价这个人价值的重要因素。

今天跟大家分享的这个方法论是六个步骤：

1. 陈述问题。

2. 提出解决问题的方案。

3. 评估该方案的优点。

4. 列举该方案的缺点。

5. 对该方案进行直觉判断。

6. 总结陈述，做出决策。

这种思考的模式，是一个“全面思考问题”的模型，特别是在开会中，如果可以运用这样的方式来阐述、分析、解决问题，可以很有效地避免把时间浪费在相互争执上，不去争论方案谁对谁错，而是把混乱的思考变得更为清晰，把无意义的争论变成集思广益的创造，并且取得共识，达成结论。

这种思考的模式，还有另外一个名字，叫“六顶思考帽”。这个“思考帽”是爱德华·德波诺（Edward de Bono）提出来的广为流传的思维逻辑。我自己感觉这个“思考帽”的比喻非常恰当。因为人在会议或者聊天中，经常会陷入一个场景：不知道现在讲什么，不知道双方在争论什么。这种争论不仅会破坏双方的感情，还会影响团队氛围，为什么？因为人在谈话中，容易陷入一种“思维帽”的陷阱里，特别是当情况变成“努力证明自己是对的”时，这种争论会很“上头”，难以更换自己思考的逻辑，也就是不会“变换思考帽”。

在这“六顶思考帽”中，我觉得有三个非常容易被大家在日常工作中忽略的点。

第一个就是陈述问题。

大家会不会发现，我们开会的时候，主题很容易跑偏，也就是“开着开着就讨论到其他地方去了”？在这个场景下，发言者其实没有很好地“定义问题”或“陈述问题”，对应的也就是“六顶思考帽”中的“白色帽子”，不够中立客观，不知道在谈论什么。举个例子：

> A：今天我们来讨论一下应该怎么样解决用户投诉和退费的问题，现状是A、B、C，我们希望做到 ×× 目标，我建议对某个政策做一些调整，应该这么来调……
>
> B：我感觉这个政策对用户的活跃度会有影响。现在我们的用户活跃下降还比较厉害，我看对手的活跃度一直在上涨，他们最近推出了一个活动，还蛮有意思的……

所以，如果 B 在发言的时候，没有很好地按照“六顶思考帽”的逻辑来走，缺乏对“问题”的清晰定义，持续聚焦，开会也会没有效率。

第二个就是提出解决问题的方案。

这个其实跟我们价值观中的“正直坦诚”对应。在我们的价值观描述中，提批评意见时，也要提出对应的解决方案和建议。“提方案”的能力，也是一个人是否能解决问题的前提。往往在讨论中，大家容易做的是“批评别人”，而不擅长在批评后提出解决问题的方法。这一点，我们在过去的讨论中多次强调，在这里不再赘述。

第三个是列举该方案的缺点。

坦白而言，这一点我自己做得也不太好。人们都比较倾向于去批评别人的方案，但很少有人会主动对自己提的方案提批评意见。冷静下来思考，其实如果能够由提方案的人，主动冷静地在提方案的时候，把方案的缺点提出来，其实会有意想不到的效果。大家对比这两个场景。

场景一：

> A：这个方案可以解决这个问题，它有 1、2、3 三个优点，是可以很好地解决这个问题的。

场景二：

> A：这个方案可以解决这个问题，它有 1、2、3 三个优点，还有 1、2 两个缺点。我的判断是优点多于缺点，会解决这个问题，因此我建议采用这个方案。

假设这个方案就是有 1、2、3 三个优点和 1、2 两个缺点，那么在两个情景下，B 的反应是不一样的。在场景一中，B 会说，你提的这个方案有缺点 1、2，有问题，然后 A、B 就陷入了争执。

而在场景二里，B 更多地会思考，A 已经知道了方案的缺点 1、2，最后他还是这么建议，说明他有权衡过优点和缺点，我觉得他应该深思熟虑过，就支持他的观点吧！这就是主动列举自身方案缺点的好处。

最后，我们在职场打怪，就是一个不断地学习方法论、实践方法论，同时产生结果、收获经验，然后不断升级的过程。希望“六顶思考帽”这个方法论，可以让大家养成全面、客观、理性的思考框架，更好地解决问题。

以上，共勉！

2019 年 11 月

北京 · 紫光发展大厦

品牌升级 扬帆起航：星辰教育

2019 年 12 月 15 日，在 2020 年来临之前，“轻课”正式升级为“星辰教育”。我们从一家主打“碎片化轻学习”的公司，正式升级成为“高科技教育公司”。“开创新赛道，孵化新业务”成为主旋律，在新品牌下，我们全新起航。

第一次品牌升级：“轻课”正式升级为“星辰教育”

转眼就到了 2019 年 12 月。我们在这个月做了公司历史上第二次品牌更名：轻课升级为星辰教育。

品牌更名，是伴随着我们新的业务变化而来：低单价的教育产品不再满足市场的需求，更重更有价值的高单价产品，被市场所认可和接受。

公司内部孵化的趣课多业务经历了快速的发展，横空出世，成为公司历史上第三条新增长曲线。

这篇文章，讲了我做教育的初心。都是来自我真实的经历和感受。

星辰教育的各位小伙伴：

大家看到这个称呼，是不是有点小意外？是的，就在昨天，轻课四周年的日子里，有一个重要的消息：我们的母品牌“轻课”正式升级为“星辰教育”。我们的品牌定义，也将从一家主打“碎片化轻学习”的公司，正式升级为主要依托互联网手段，为用户传递价值的“高科技教育公司”。而我们也将在新的品牌下，跨越“星辰大海”，终将“使命必达”！

昨天是周末，且现场位置有限。很多小伙伴都没有来到现场。这次月报，我把昨天我的演讲的讲稿发给大家。大家可以通过这个内容，更好地了解我们为什么更名，以及后续的公司战略、品牌策略。

11 年前，我还在江西的一个小县城读高中，那时，我从不觉得自己地处偏远，也从不觉得小县城的教育资源是个问题，我们县里的高级教师，就是我能想象到的最博学的人了。直到我高考来到了北京，直到我通过互联网接触到了更大的世界后，我才深刻地感受到，这个时代最大的不公平，就是教育的不公平。

在大学里，我有很多同学来自一、二线城市，来自省内的教育航母、顶级中学。他们的老师都是全国知名老师，甚至有自己的百度百科词条。每次他们聊到关于自己的老师如何厉害的话题，我都会默不说话，心里酸酸的，特别羡慕。

机缘巧合下，我通过来自名校高中的学姐，拷贝到了她高中特级老师的上课音频，一共 500M。大一的寒假，我激动地回到家，办了人生中第一个线下辅导班，并且专门去了自己的高中母校招生。

我现在都还记得这个辅导班的名字——“寒假双语励志辅导班”，招生海报是我当时自己在网上学 PS 设计的。最后，那次辅导班一共招生 10 个人，每个人收了 200 块钱。

这是我人生第一次当老师，主讲新概念英语。每次讲完课，我都会做两件事：一件是分享自己在北京读书的视野和心得；另一件，就是把那 500M 授课音频播放给学员听，让他们感受来自顶级中学特级教师的魅力。

每次播放完老师的授课音频，学生都有很大的震撼，并且与我交流听课的感受。我深刻感受到来自老家的学生，他们对改变命运的向往，以及对优质教育资源的渴望。同时，我自己作为一个来自偏远地区但有幸来到大城市的学生，希望通过我的努力，把教育变成一件更公平的事情，让优质教育触手可及。

11 年后，我觉得我可能通过“轻课”，稍微地实现了一点点当初的想法。

了解轻课的小伙伴应该知道，最初我们不叫“轻课”，而是叫“思享空间”。我们通过一年时间，在微信组织了 500 多场在线的分享，影响了几十万年轻人。然后，我们把这些内容沉淀在一款产品中。这款产品凭借优质的内容、极致的性价比，以及碎片化的轻学习方式，受到了内测学员的广泛好评。

2015 年 12 月 15 日，我们将这款产品命名为“轻课”，它既是我们的产品，也是我们的品牌名称。我们希望把学习变成一件轻松、有趣的事情。当时我们的使命是“让学习更轻松，让教育更平等”。

转眼，四年过去。我们推出了一个又一个爆款课程：

从 2017 年的英语麦克风、侃词侃句
再到 2018 年的潘多拉英语、极光单词
以及 2019 年的达芬奇好课、清新冥想、益伴读书等

到目前为止，轻课一共获得：

4000 多万累计关注用户
500 多万人次付费学员
10 万多班级社群
2 万多班长志愿者团队

现在，每天有百万名学员在轻课学习，我特别开心，他们把学习变成了

生活的一部分。与此同时，我们还发现，除了热衷于“碎片化、轻学习”的学员以外，还有许多优秀学员，他们有着远大的梦想，希望能够更加重度、高效地学习，愿意付出异于常人的努力，来改变自己的命运。

虽然他们已经成年，但他们相信终身学习必将成就人生价值。

在轻课四周年之际，各位媒体朋友、公司同事，我宣布，轻课将迎来一次重大的品牌升级，2019 年 12 月 15 日，轻课品牌升级更名“星辰教育”。

今天起，我们将启用新的品牌和 LOGO。这次升级后，轻课将作为星辰教育的子品牌和重要资产。我们将在轻课的兴趣产品基础上，推出一系列的新产品，这些产品将以效果产品为主，实现“让学习更高效、让教育更平等”的新使命。

关于星辰。我自己有两段刻骨铭心的学习经历，都与星辰密不可分。第一段是在高三的时候，完成了一天繁重的学习，当我走在回小区的路上时，每每想到放弃，我都会仰望星空，告诉自己，不要轻易放弃，要相信坚持的力量。第二段是创业前考 CFA，连续两个月每天学习到深夜，我当时租的房子是落地窗，从窗外一眼望去，也是这片星辰给了我信心。

仰望星空，脚踏实地。星辰教育的取名，就是来自这句话。

学习是反人性的，但渴望命运改变是每个人的天性。希望星辰教育的每位学员，都能够仰望星空，脚踏实地。与人性斗争，与命运抗争，实现新的人生价值。

此次升级后，星辰教育将作为公司母品牌，旗下产品分两类。

第一类是兴趣导向的轻课，以我们过往的产品为主。

第二类，也是我们今天发布的新的子品牌——趣课多。趣课多以效果为导向，主要是考试培训、职业教育。经过半年的孵化，趣课多目前月流水突破千万，已经初具规模。

人生来就是不平等的，这些不平等包括国度、地域、家庭。我希望，凭借我们的努力，每个人都可以通过教育改变命运，通过终身学习成就人生价值。

星辰教育，让学习更高效，让教育更平等，我们将努力实现！谢谢。

2019 年 12 月

北京·紫光发展大厦

人生循环之好奇感知、灰度认知、黑白决策、疯子行动

这篇文章的灵感，来自公众号“孤独大脑”。这是一个我非常喜欢的公众号，创始人老喻在认知决策层面的总结，相当到位。

上周四的全员大会，我跟大家分享了最近的一些思考。这几天看大家的月报反馈，有不少都提到了关于对“灰度认知、黑白决策”的感触。因此今天的月报，就再深度跟大家聊一聊这一块。本次月报的关键词就叫“人生循环”。

人可以有很多种活法，取决于每个人对于生命的定义。星辰教育是一家在线教育的创业公司，我相信每一个加入星辰的小伙伴，除了想要靠这份工作“赚钱谋生”之外，还有一个更高层次的需求，就是“自我价值实现”，而自我价值实现的最佳方式，就是通过产生“社会影响力”来获得，说得接地气一些，就是“干票大的”。

但是世界上想“干票大的”的人和团队那么多，凭什么是“你”和“你们团队”？

在当下这个商业驱动的世界，整个社会也建立了一套严格的筛选体系，

不断淘汰，让极少数的人才可以“干票大的”。每个有野心的个体，每天都在做着自我的“修行”，来让自己从筛选体系中能够存活下来，不断适应环境的变化，收获比别人更大的“影响力”。这种修行方式，其实就是一种“循环”，也是星辰所有小伙伴都在经历的一个循环。

这个循环一共包括四个环节，分别是：感知、认知、决策、行动。

高段位修行的人，是这样来做这四个循环的：好奇感知、灰度认知、黑白决策、疯子行动。

这十六个字不是我总结的，是公众号“孤独大脑”的作者老喻总结的。我在看完这十六个字后，有一种如沐春风、顿开茅塞的感觉，我在平时做事、决策的时候，也努力让自己按照这样的方式，不断修行，加深自己的肌肉记忆，让自己和公司可以持续保持成长。

接下来，简单跟大家分享一下，我对这十六个字是如何理解的。

好奇感知——核心是不断拓展自己的“信息茧房”

“信息茧房”这个词，相信大部分人都有了解，特别是随着互联网、推荐算法、社群的发展，世界在变得越来越多元化，每个人都存在自己的“信息茧房”。就像我们跟没有经济学常识的人讲“通货膨胀”，对方一定会一脸蒙。

很多时候，我们觉得自己跟一些人聊起来“不在一个频道上”，核心也在于双方存在“信息茧房”。生活在自己的世界，接收的信息完全不匹配。要完全破除“信息茧房”是不可能的，即使是美国总统，也会存在信息茧房，因此对每个人来说，不断拓展自己的感知，是后续三个步骤的前提。

如果你所接收到的信息，都是某个人希望你看到的信息，那么实施意义上你就处于“意识被操纵”的模式之下，这将无比可怕。

灰度认知——我们在认知层面要保持灰度，不要抱有“主观偏见”来看待一件事

任何事情都有利有弊，如果一上来就带有主观偏见，势必让我们陷入一个“预设的立场之中”，而让决策变成相互的“说服”，甚至争吵，但没有人喜欢被“说服”，大家会觉得“被说服”是“被你打败”，就不可能“理性”沟通。

我以往对此没有经验。我发现在开会的时候两个人会陷入“互掐”的状况，争得面红耳赤，仿佛要打起来。双方对于一个问题的处理各自有自己的想法，然后带着预设，会觉得自己的建议好，对方的不行，于是讨论就变成了双方互相攻击对方建议的弊端。随着争吵的升级，双方陷入严重情绪化，变成了对人不对事。

后来为了避免此事，我在开会的时候会让大家提建议，然后让大家轮流说这个建议好的地方和不好的地方，这样一圈下来，大家对于这个问题和建议的认知，就能到达一个更为客观和理性的高度，也更有利于达成决策和共识。

黑白决策——尽管任何决策都有利有弊，但我们一定要做出“鲜明的决策”

做出鲜明的决策包括两个层面。

第一，不做决策也是一种决策，因为这会让执行根本无从下手。

第二,一定要事先说好一套决策流程和机制，这块跟权责利相关，如果一个团队不能通过事先的设计把决策流程做好，那么这个团队一定会出现分崩离析的结局，最典型的失败案例就是夫妻店、平分股权的风险。很多时候，作为领导，去做一个决策需要很大的心理和决心，因为任何一个决策的

失败，都可能导致前功尽弃。

在这点上，我自己是深有体会，包括公司战略、重要人才引进、规章制度、产品设计等。多年的创业，也让我从一个天生“选择恐惧症”，发展到后来完全不像一个典型的天秤座。

疯子行动——做起事情来像一个疯子一样，强大的执行力

对于一家创业公司而言，这一点怎么强调都不为过，大家都是做事的人，相信在执行力这点无须多言。

对有执行能力的创业者而言，在这十六个字里最难做到的，也是最能让团队逐渐差异化的，其实是“灰度认知、黑白决策”，相信这也是很多人都对这八个字有感触的原因。

我自己就深有体会。创业初期，当我对一个问题想出了一个解决方案之后，这个方案就仿佛我自己的孩子一样，觉得怎么看怎么好，“容不得别人挑刺儿”，任何不好的评论，都会被我放大，妒忌甚至恶意揣测别人是不是在攻击我。同时，我也发现，我们团队的小伙伴也会出现这样的现象。大家如果不能在认知、决策这一层面，有底层的共识，那么这个团队在长期一定缺乏持续进化的能力。

在学习到这十六个字之后，我也开始思考公司的运转方式和组织形式。经过多年的发展，目前公司和团队的组织形式，在一定程度上是按照这十六个字来的。

好奇感知：大量的业务数据、学员反馈、媒体报道、同行交流，以及我们公司专门负责感知的星辰研究院，以上构成了公司对生存条件的感知器官。

灰度认知和黑白决策：舰长会、事业部、项目组、中后台等各种周会小会，在这些会议上，我们根据感知到的内容，来尽可能灰度认知我们的客观

生存环境以及问题所在，并对不同的解决方案明确来做鲜明的决策（是的，公司的战略也是我们一起讨论出来的）。

疯子行动：在决策做出后，所有人都按照决策来行动、执行。我们价值观的“可靠执行”，以及对应的九大原则，都是为了保证团队能有强大的执行力，在任何环节都不出岔子。同时，“团结共赢”里的一个描述“尊重决策”——决策前充分发表意见，决策后言行上完全支持——也是对灰度认知和疯子行动的一种阐述。

希腊神话中，西西弗斯触犯了众神，诸神为了惩罚西西弗斯，便要求他把一块巨石推上山顶，而由于那巨石太重了，每每未上山顶就又滚下山去，前功尽弃，于是他就不断重复、永无止境地做这件事。

对于我们而言，工作占了大部分活着的时间，本身是无趣、无聊的，但不同人可以有不同的对待方式。

如果我们把工作本身当作工作，做一天和尚撞一天钟，那么你会觉得很苦、很累，工作没有尽头，人生是灰暗的。

但如果我们把工作当作一种修行，不断地做着感知、认知、决策、行动的循环，就像西西弗斯不停地推着这块巨石往前走，并且以更积极、理性的方式，来好奇感知、灰度认知、黑白决策、疯子行动，不断重复这个循环，一年、三年、五年……在十年后，我们跟最初出发时相比，依然还是在推石头，但推着的，就会是“时代的巨轮”。

最后，再次重复这十六个字：好奇感知、灰度认知、黑白决策、疯子行动。未来的路很长，与各位共勉。

2020 年 4 月

北京 · Wework

后记 在路上

整理完过往的创业经历，以及做星辰教育创业五年的文字，已经是2020年秋天了。

我依然还记得，十多年前，偶然看到央视经济频道的《赢在中国》，这首歌的主题曲叫《在路上》，是刘欢唱的。

虽然我还只是个初中生，但看到节目里，那些为梦想拼搏的创业者的激情，为达到目标一起奋战的团队，以及马云、熊晓鸽、史玉柱对创业者们的精彩点评，我当时是多么热血沸腾，梦想着有一天，也能像他们一样大干一场。

在我大学的时候，有一次和一个师兄一起聊天。我们都很想创业，但苦于是找工作还是直接创业，我们当时碰撞出一个观点，一直在影响我后续的发展。

其实，创业是人成长得最快的方式，但不是唯一方式。如果你现在在工作，不是老板，但其实你也是在创业，或者为创业做准备。如果你可以在你的行业领域做到第一名，创业就是一件水到渠成的事情。

是的，人世间所有的事情，都是水到渠成的。关键是你会不会在平时去修水沟；做一些你不愿意做的事情；去做没有短期回报，但是将来可能会有用，不知道在某一天，就突然改变你命运的事情。

纵观我过往的十次创业尝试，以及现在依然在拼尽全力的星辰教育，如文章开头所写，乔布斯的那个演讲中所说：“你必须相信这些点会在你未来的某一天串联在一起。”

在 2020 年夏天，我投入时间、精力把北漂十年的真实创业经历好好做了整理。整理的过程，也是我思考的过程，更是我新一段旅程的开始。

成长是面对不确定性，不断地去创造节点，串联节点。我也相信，整理创业手记这件事，在未来一定也不会让我失望，一定会让我的生命更加地与众不同。

能看到这里，感谢你的时间投入，以及对我本人的认可。如果我写的东西，对你有一点点启发，我会很开心。

我接下来将在我的朋友圈持续分享一路的创业感悟，如果你感兴趣的话，欢迎加我微信。

创业是一场以生命为计量的马拉松。对创业者而言，这条路没有终点。

我会一直，在路上。

肖逸群
2020 年 9 月
北京 · Wework

肖逸群的创业手记　产品经理 | 张越　装帧设计 | Domino　技术编辑 | 陈杰　产品监制 | 黄圆苑　责任印制 | 刘淼　策划人 | 于桐

图书在版编目（CIP）数据

肖逸群的创业手记 / 肖逸群著 . -- 成都：四川文艺出版社，2021.4
ISBN 978-7-5411-5971-8

Ⅰ . ①肖… Ⅱ . ①肖… Ⅲ . ①创业—通俗读物 Ⅳ . ① F241.4-49

中国版本图书馆 CIP 数据核字 (2021) 第 046402 号

XIAOYIQUN DE CHUANGYE SHOUJI
肖逸群的创业手记
肖逸群 著

出 品 人 张庆宁
责任编辑 陈雪媛
装帧设计 Domino
责任校对 汪 平
出版发行 四川文艺出版社（成都市槐树街 2 号）
网 址 www.scwys.com
电 话 028-86259287（发行部） 028-86259303（编辑部）
传 真 028-86259306
邮购地址 成都市槐树街 2 号四川文艺出版社邮购部 610031
印 刷 天津丰富彩艺印刷有限公司
成品尺寸 167mm×230mm
开 本 16 开
印 张 18
字 数 247 千
版 次 2021 年 4 月第一版
印 次 2021 年 4 月第一次印刷
书 号 ISBN 978-7-5411-5971-8
定 价 59.00 元